JOURNAL D'UN JOURNALISTE

EN VOYAGE.

ERNEST MERSON

JOURNAL

D'UN

JOURNALISTE

EN VOYAGE

PARIS

E. DENTU, LIBRAIRE-ÉDITEUR

—

1865

PRÉFACE

Les lettres qui composent ce volume n'étaient pas destinées à la publicité. Écrites aux heures de désœuvrement, pour tromper l'ennui d'un voyage presque improvisé, elles devaient demeurer dans l'intimité du petit cercle d'amis auquel je les avais destinées.

Elles reposaient solitairement au fond d'un tiroir discret, lorsque, à mon insu et sans mon aveu, deux d'entre elles furent, pendant un séjour que je fis à Paris en décembre 1864, insérées dans les colonnes mêmes du journal dont j'ai l'honneur d'être le rédacteur en chef. Suivant ce principe que le petit doigt mis dans un engrenage y entraîne le corps tout entier, les chapitres se succédèrent ensuite, et je n'y mis point d'obstable, — à cause du bienveillant accueil que le public daigna leur faire.

Sans m'en douter, il arrivait que j'avais produit un livre, où se trouvaient réunis, avec mes impressions de voyage, des souvenirs personnels, des portraits, des paysages et une foule d'appréciations humoristiques dont certainement je ne me croyais pas susceptible. J'avais mis mon esprit, mon cœur et mon âme dans ces pages, tracées à la volée dans des chambres d'auberge, sur du papier d'auberge, avec de l'encre d'auberge. Sans doute il eût mieux valu les laisser dormir de la paix éternelle, loin des bruits dangereux de la foule ; mais puisqu'elles ont été livrées déjà aux appétits des lecteurs de journaux, il me semble que je dois leur faire un sort meilleur, en les réunissant dans un tout moins éphémère que les feuilles volantes nées chaque matin et mortes chaque soir.

Je ne m'abuse point certes sur la valeur de cet ouvrage. Adonné depuis longues années au rude labeur de la politique, je me sens peu apte aux productions légères, dont souvent l'éclat du style couvre et protége la détresse du fond. Cependant, tel qu'il est, je lance mon volume dans le monde, à peu près sûr que le lecteur, en le parcourant, y trouvera quelque renseignement nouveau ou quelque curieux détail qu'il ignore.

E. M.

Avril 1865.

I

Tours, 23 décembre.

Je ne sais pas commencer une lettre, et cependant il faudrait me livrer à une introduction un peu longue pour indiquer, pour préciser surtout le caractère sans gêne et tout intime de la correspondance à laquelle je vais me livrer. Eh bien, cette introduction, pour simplifier les choses, je la supprime sans autre difficulté, et vous vous passerez de préface.

A quoi bon vous dire, d'ailleurs, que j'ai une maladie très-fatigante, sinon très-grave, et que la Faculté, interrogée dans de grandes assises, m'a ordonné de cesser tout travail et d'aller me promener.... où je voudrai, pour peu que j'évite l'Est, le Nord et l'Ouest? En bien calculant, j'ai vu qu'il ne me restait guère que le Midi à choisir, et naturellement j'ai choisi le Midi. Je suis parti incontinent, abandonnant pour quelques semaines mes habitudes, mes affaires, et, mieux que cela, mes affections, pour me mettre à la recherche de ce bien si capricieux et si rare qu'on appelle la santé.

La santé ! mon Dieu, vaut-elle donc la peine qu'on se donne tant de mal pour la retenir ou la ratrapper ? Je ne suis pas bien fixé là-dessus ; et, maintenant que je suis parti, je me demande sincèrement s'il n'eût pas mieux valu rester, attendant patiemment, dans mon petit logis, auprès de ceux que j'aime, le gros lot de la guérison.

Enfin, ce qui est fait est fait, et puisque le vin du voyage est tiré, il faut le boire.

Mais où vais-je, s'il vous plaît ? Bast, si nous l'ignorons vous et moi, nous arriverons bien à le connaître. Le mieux est de se lancer dans l'aventure, quand on n'a pas de but absolument déterminé, et de faire une excursion buissonnière où le hasard joue le grand rôle, ayant l'imprévu pour lui donner la réplique.

***

Je me suis arrêté à Saumur, non point pour y voir l'École de cavalerie, dont je me soucie peu, mais pour visiter, dans les environs de cette ville accorte et pimpante, trois ou quatre dolmens de la plus grande beauté, et tels que nous n'en possédons point de comparables en Bretagne. L'un de ces monuments d'une civilisation évanouie, dont les traces disparaissent chaque jour, est le plus considérable que l'on connaisse. En Suède et en Irlande on ne peut, comme dimensions, lui comparer rien — à ce que l'on prétend. En tout cas, les antres druidiques de Locmariaquer et de Plouarnel sont de petits joujoux comparés à cet immense autel, dont il me semble surprenant que la Société des Antiquaires de France ne se soit pas emparée — ne fût-ce que pour l'arracher à la triste condition à laquelle il est condamné et qui le déshonore.

Tout ce qui demeure encore du culte disparu de nos pères, a, tout au moins au point de vue de l'archéologie pure et de l'histoire, un caractère respectable que nous ne devrions pas méconnaître, et que les générations prochaines nous reprocheraient peut-être de ne pas leur avoir transmis intact.

Les dolmens de Saumur devraient être acquis,

afin que leur conservation fût facile et certaine, surtout pour qu'on y fît des fouilles analogues à celles si profitables à la science pratiquées depuis quelques années à Karnak, et tout récemment au bas de la rivière d'Auray.

...

Entre Saumur et Tours, j'ai commencé à broyer du noir. Il me semble ne pas être facilement au bout de cet intéressant exercice. Cela est peu récréatif en voyage et n'aide guère à dévorer le temps.

A Tours, mon honorable et excellent confrère, M. Ladevèze, s'est montré aimable et charmant pour moi, et son accueil a été très-cordial. Nous nous sommes rappelé ces jours laborieux et difficiles de 1848 et 1849, auxquels certains esprits remuants, inquiets, dévorés d'ambition ou tout simplement méchants, voudraient nous ramener. Là-dessus nous avons échangé des confidences, et nous sommes tombés d'accord sur ceci : que les populations sont rarement reconnaissantes des services que le journalisme leur rend. Je m'efforcerai, dans le cours de ce voyage, de résumer notre conversation, même de la reproduire, en la sténographiant de mémoire. Peut-être cela aura-t-il quelque intérèt. D'ailleurs nos plaintes n'ont eu ni àpreté, ni amertume, et nul ne trouvera à y reprendre. Deux écrivains vieillis déjà dans les pratiques de la presse politique, ayant derrière eux de longues années d'expérience, ne se livrent point à des conversations futiles et banales lorsqu'ils abordent le terrain de leur métier, c'est-à-dire de leurs efforts et de leurs luttes, de leurs chimères et de leurs déceptions, de leur abnégation et des ingratitudes qui les environnent : cela a son enseignement et renferme sans doute d'utiles leçons.

Partout, d'ailleurs, la condition du journaliste est la même à peu près. Beaucoup d'inimitiés ardentes et quelques loyales amitiés, voilà ce qui la constitue au principal. D'implacables jalousies ostensibles et de timides sympathies voilées, voilà ce qui surtout l'enveloppe et la caractérise. Mais pourquoi donc s'en plaindre? Le lot a quelque chose d'enviable pour quiconque croit à sa mission, à sa destinée, à son devoir.

Je reviendrai sur ce sujet, qui comporte certains développements.

II

Poitiers , 24 décembre.

Châtellerault est une ville très-active et qui ne manque pas de charme. Sa manufacture d'armes est superbe, et du pont qui unit les deux rives de la Vienne — est-ce bien la Vienne qui passe à Châtellerault? — on a l'une des vues les plus sauvages et les plus attachantes que l'œil puisse embrasser.

Je n'ai point trouvé là l'ami que j'étais venu chercher. Après tout, j'ai du temps à perdre. Que je le dépense dans un lieu ou dans un autre, qu'importe, pourvu que je le dépense?

...

Mon premier soin a été de visiter, à Poitiers, les monuments. De longues heures ont à peine suffi à cet examen, que j'ai rendu le plus attentif et le plus scrupuleux possible. Ce qui m'a gâté ces merveilles romaines, romanes ou gothiques, c'est la multitude des mendiants qui les environnent et qui se précipitent comme des oiseaux de proie sur les touristes, les flâneurs ou les curieux. Si on ne le voyait point on se garderait bien d'y croire ; même après l'avoir vu, on a peine à s'en rendre compte. La misère est donc bien grande à Poitiers ! C'est peut-être à cause de cela que le pavé des rues est si mauvais et si dangereux au pied.

A propos de mendiants, tandis que je cherchais l'entrée de l'église de Sainte-Radegonde, une marchande de petits cierges et de médailles vint m'offrir sa marchandise ; ellle m'avait à peine abordé, qu'une seconde fit irruption, puis une troisième, puis une quatrième, puis ainsi jusqu'à la douzaine. Chacune prétendant avoir des droits à ma préférence, toutes s'efforcèrent de me le prouver en se iivrant ensemble à un pugilat au milieu duquel j'eus toutes les peines du monde à ne pas recevoir les plus rudes coups. Parvenu à me soustraire à la mêlée, j'allai visiter le tombeau de la Sainte ; mais, à ma sortie de l'église, toutes les marchandes de tout-à-l'heure, revenues de la bataille sans trop de dommages, m'abordèrent de nouveau, cette fois pour me demander, avec un accord touchant, chacune un sou.

Ce n'est pas ainsi vraiment que devrait se pratiquer le commerce des cierges et des médailles.

En fait de médailles, j'ai fini par m'en procurer quelques-unes, — pour ceux que j'aime et à qui j'ai laissé, en partant, tout mon cœur.

...

*

J'ai eu l'honneur d'offrir mon livre sur la *Divinité de Jésus* à Mgr l'évêque de Poitiers, qui l'a accucilli avec une grande bienveillance et qui m'a retenu pendant une heure et demie dans une conversation très-libre et très-attachante.

Le prélat est de haute taille, de figure jeune encore, et d'un air parfaitement spirituel. Il a les cheveux roux, la lèvre mince, l'œil fin et la main très-soignée. Il parle beaucoup, mais avec une rare élégance de forme. Ses idées politiques sont bien moins radicales qu'on le suppose, et si je ne craignais d'être indiscret, je donnerais à cet égard quelques détails intéressants. Ici vous comprendrez ma réserve et vous l'approuverez. Monseigneur Pie, auprès de qui je n'avais d'autres recommandations que mon volume, a bien voulu m'entretenir avec une entière indépendance de pensée et de langage. Je m'en voudrais, n'y étant pas autorisé, de reproduire un seul mot de notre conversation. Il m'a promis de lire mon livre ; pour moi, je l'avoue, là est l'essentiel. J'ai beaucoup noirci de papier depuis vingt-cinq ans ; mais rien de ce qui est sorti de ma plume ne m'a satisfait au même degré que ma réfutation de la grande erreur de M. Renan. Pourquoi n'aurais-je pas cette petite vanité ?

...

Le nom de M. Renan me rappelle qu'il y a quinze jours, j'ai déposé un exemplaire de mon livre entre les mains du trop célèbre écrivain.

Dès l'abord je lui en ai dit le sens et le but, afin qu'il n'y eût pas de surprise.

M. Renan se prétendit très-honoré de ma

démarche ; et, comme dans le cours de la conversation je lui exprimais l'hésitation que j'avais mise à commencer la lecture de la *Vie de Jésus*, dans la crainte de voir mes croyances s'affaiblir ou se dissoudre, il me dit :

« Oh ! Monsieur, nous autres, Bretons, notre foi est bien plus solide que cela. »

De la part d'un homme qui nie Dieu après avoir failli être son ministre, le mot me sembla piquant, et je l'ai recueilli pour vous le communiquer à la première occasion.

Ce soir, je pars pour Bordeaux, d'où je vous écrirai demain.

***

Décidément, c'est bien la Vienne qui passe à Châtellerault.

III

Bordeaux, 25 décembre.

C'est au milieu des pompes de la grande fête chrétienne que je vous écris. Quel souvenir et quel anniversaire ! Une humble vierge met au monde un enfant; l'enfant grandit, et, devenu homme, se met à prêcher le règne de son Père. Entouré de douze artisans sans richesse, sans relations, sans autorité, il parcourt la Judée annonçant la bonne nouvelle et jetant dans les âmes la semence féconde, le germe abondant de l'émancipation, du progrès, de l'épanouissement et du triomphe. A sa voix les populations se lèvent et adorent l'Envoyé de Dieu ; mais lui voit que, son œuvre étant établie désormais sur des assises éternelles, il va mourir : trahi par l'ami perfide qu'avait prédit le Psalmiste, il est arrêté, accablé d'outrages, couvert de crachats, soumis à l'ignominie des soufflets, jugé, condamné et cloué à un bois infâme. Telle est l'histoire touchante et sublime à laquelle Noël sert de préface. « Un juif naquit pour être pendu, comme dit Rorhbacher, et l'univers est chrétien. »

Noël, Noël, salut et gloire !

***

Les fêtes de Noël sont célébrées avec un grand éclat par toute l'Église catholique, et en Allemagne surtout, elles sont accompagnées de pieuses manifestations d'un caractère plein à la fois de poésie et de grandeur. En France elles donnent lieu, en dehors des cérémonies religieuses, à des promenades et à des amusements fort peu dignes et où l'on reconnaît les indices précurseurs du carnaval.

Ainsi en a-t-il été à Bordeaux, où toute la population s'est tenue sur pied, la nuit dernière, autant pour fréquenter les cabarets, les cafés et les restaurants que les églises mêmes.

Il semble que nous recherchions avant tout

des prétextes aux amusements bruyants et aux plaisirs profanes.

...

Dans quelques pays, c'est à Noël qu'on échange les cadeaux d'étrennes. Cet usage me paraît excellent. Fêter le renouvellement du monde moral est moins païen assurément que célébrer l'avénement d'une année succédant à une autre année dans le cours régulier des siècles.

Chez nous, l'on commence ou plutôt l'on recommence à cultiver « l'arbre de Noël, » dont les branches sont chargées de friandises, de jouets, de bijoux, de beaux livres, de riches étoffes, suivant les circonstances.

Je me souviens de la sollicitude avec laquelle, il y a deux ans, j'avais pris soin d'établir un de ces arbres, dont chacun des fruits avait une destination chère à mon cœur. Je m'étais promis de renouveler, cette année, cette plantation éphémère; et voilà que je suis à cent vingt lieues du seul lieu où pour moi elle peut prospérer et fleurir!

...

On officie très-pompeusement à Bordeaux, et l'attitude de la population dans les églises m'a beaucoup rappelé celle qu'on observe à Nantes et presque partout en Bretagne.

Vous savez sans doute que l'archevêque de Bordeaux est primat d'Aquitaine ; mais ce que vous ignorez peut-être c'est que parmi ses suffragants il compte les évêques de la Martinique, de la Guadeloupe et de la Réunion.

...

J'ai souvent entendu des Nantais, patriotes plus que de raison, placer leur ville, comme élégance et comme splendeur, à un rang plus élevé que Bordeaux.

Je suis fâché de n'être pas tout-à-fait de leur avis ; même, pour parler sincèrement, je trouve que Bordeaux est incomparablement supérieur à Nantes ; à quelques titres, je n'hésite pas à trouver cette ville préférable à Paris même.

Dans une autre lettre je vous dirai pourquoi.

Toujours est-il que nous n'avons rien à Nantes qui soit comparable au quartier de l'Intendance, aux allées de Tourni, aux Quinconces, au pont et aux boulevards avoisinant le Jardin public. Tout cela est d'une grande beauté, plein d'air et de vie, taillé largement et sans ces restrictions mesquines que l'on voit, chez nous, dominer presque en toutes choses. Tout cela, pour bien dire, est digne d'une capitale.

*

A propos du Jardin public, dont les Bordelais sont cependant bien fiers, il est hors de doute qu'il ne supporte pas la comparaison avec notre Jardin des Plantes, dessiné avec tant de goût et exécuté avec un si rare dévouement par mon loyal et excellent ami Écorchard. J'ai voulu l'examiner sans préventions et l'étudier sincèrement dans toutes ses parties. Sauf la serre, qui est splendide, mais mal placée, il ne renferme rien que nous n'ayons à Nantes à un bien autre degré, et il manque absolument des larges perspectives, des habiles mouvements de terrain, des vastes horizons, qui font de notre Jardin des Plantes une œuvre à part et pour ainsi dire sans rivale en Europe.

Toutefois il faut reconnaître que la grille du

Jardin de Bordeaux l'emporte de beaucoup sur celle du Jardin de Nantes, et que les maisons bordant cette promenade, établie à coups de millions, sont de superbes palais.

...

J'ai retrouvé ici M. Emile Crugy, un de mes anciens collègues du Congrès de Tours, un journaliste habile et honnête, avec qui je ne me trouve pas toujours en harmonie complète d'opinions politiques, mais dont je m'honore invariablement d'être l'ami.

M. Emile Crugy vient de reprendre la plume qu'il avait déposée il y a dix ans : il la tiendra bien. Quand tant de méchants et d'imbéciles se mêlent d'écrire, ce n'est pas trop que les braves gens, à quelque nuance de parti qu'ils appartiennent, prennent eux aussi la parole.

...

Nous nous sommes rappelé, avec une sorte d'orgueil éteint, nos jours de grandes luttes où nous combattions avec une ardeur égale sous les mêmes enseignes. Alors la presse sauvait la société ; aujourd'hui elle n'est pas sans la menacer un peu et sans la compromettre.

Dans ce temps là nous tenions cour plénière : nous avions la force ; on nous écoutait ; on nous recherchait; on nous sollicitait : nous étions la puissance. Combien nous sommes déchus de tant de grandeur! Mais, voyons, ne l'avons-nous pas mérité? Un pays, d'ailleurs, peut-il vivre bien longtemps en paix quand la presse y commande? Je suis persuadé du contraire.

Peu de temps avant le coup d'Etat, les chefs de parti s'efforçaient de nous accaparer. En tout cas, ils nous recevaient avec distinction et nous recherchaient avec empressement. Je me rappelle que, durant mes fréquents voyages à Paris, j'étais accueilli presque chaque matin chez M. Berryer, que ses anciennes relations de prison avec mon père me rendaient particulièrement affectueux et bienveillant. A midi, je me rendais chez M. Guizot, qui m'entretenait beaucoup de la fusion, dont il avait fait, sur mes indications, MM. de Saint-Pern et Lorois les principaux représentants à Nantes. Le soir, j'allais chez M. Thiers, qui cherchait à m'enrégimenter dans le bataillon des Joinvillistes. De temps en temps je dînais avec des Montagnards. Sauf M. Ferdinand Barrot, je ne voyais guère de Napoléoniens.

On sait que le général Changarnier préparait activement sa candidature à la présidence pour 1852. Un matin, je reçus la visite de son secrétaire, M. Aubertin, qui m'invita, de sa part, à déjeûner pour le lendemain. Encore un qui voulait essayer de me gagner à ses intérêts et à son ambition! J'acceptai, plus par curiosité qu'autrement, et pour connaître de près un personnage marquant avec lequel je ne m'étais pas encore trouvé en relations directes. Le lendemain, lorsque je me dirigeais chez lui, je vis sa maison entourée de troupes; je m'informai: le prétendant au pouvoir souverain avait été arrêté le matin et tristement conduit à Mazas.

L'acte sauveur du Deux Décembre avait mis fin à toutes les compétitions ambitieuses ; le pays était délivré des menaces d'anarchie qui depuis trop longtemps pesaient sur lui.

Pardonnez-moi ces ressouvenirs et ces confidences. Ils n'ont peut-être pour vous qu'un très-médiocre intérêt. Cependant je les poursuivrai, faute de mieux, dans le cours de mon voyage.

IV.

Bordeaux , 26 décembre.

J'ai eu l'honneur de voir ici MM. Raoul Duval et Dubeux, deux magistrats qui ont dirigé avec une grande distinction le parquet de Nantes et qui ont conservé l'un et l'autre de notre ville le meilleur souvenir,

***

Laissez-moi vous faire remarquer l'influence que la lettre D a exercée sur notre parquet pendant plus de trente ans. Voici une liste dans laquelle vous pourrez, si vous êtes quelque peu superstitieux, puiser de quoi vous affermir dans vos préjugés :

M. Demangeat, aujourd'hui juge honoraire, après avoir refusé une haute fonction à la cour de Rennes ;

M. Dufresne, aujourd'hui conseiller à la cour de cassation, après avoir été procureur général et premier président de cour impériale ;

M Duval, aujourd'hui premier président de la cour de Bordeaux ;

M. Dubeux, aujourd'hui procureur général près la même cour;

M. Duportal, mort procureur impérial à Marseille ;

M. Dubois, récemment nommé conseiller à la cour impériale de Lyon.

Il appartenait à M. Massin de rompre le charme alphabétique. Il est vrai que son talent élevé ne l'en appelle pas moins à de grandes destinées judiciaires.

...

Ainsi que je vous l'ai dit, j'ai rencontré ici M. Emile Crugy, redevenu journaliste après dix années de repos et de silence.

Je me rappelle qu'ensemble, il y a une douzaine d'années, nous avons fait, en compagnie de MM. de Nouvion, de Curzon et Leymarie, une sorte de petit coup d'Etat au profit de la presse politique. Ceux qui m'accusent d'être l'ennemi intime de mes confrères ne savent ce qu'ils disent. C'était à l'époque où l'Assemblée législative était saisie du projet de loi sur les cautionnements, le timbre et tout ce qui charge le budget des journaux. La rédaction présentée par le gouvernement avait un caractère funeste à la presse de province. Nous nous réunîmes, et, en même temps que nous rédigions une protestation énergique contre ce qui était proposé, nous établissions des conditions plus équitables et moins onéreuses aux grands intérêts dont nous nous faisions les mandataires et les organes. Une fois cela accompli, et c'est M. de Curzon, de Poitiers, qui formula en excellents termes nos critiques et notre contre-projet, nous demandâmes d'être admis au sein de la commission législative saisie de la question. Cette commission, présidée par M. le comte Molé, comptait dans son sein trente ou quarante députés influents. Nous fûmes reçus dès le lendemain, et, en qualité de plus jeune, je fus chargé de lire le travail délibéré et adopté par notre bureau. Je m'acquittai de ma tâche en accentuant tous nos griefs et en faisant ressortir avec une certaine énergie nos plaintes et nos désirs. Il paraît que j'eus dans cette lecture un succès complet : mes confrères furent satisfaits, et la commission, comme stupéfaite du fier langage que nous lui tenions, eut besoin de se remettre des rudes coups que nous venions de porter au projet de loi.

J'avais terminé par ces paroles que, voyant l'attitude très-perplexe de l'assemblée, je m'étais cru autorisé à ajouter au texte écrit, sans en référer à mes honorables collègues :

« Messieurs, si vous croyez avoir des observations à nous adresser, nous les écouterons respectueusement, tout prêts d'ailleurs à y répondre. »

Pendant deux minutes un silence de mort régna dans la salle. Evidemment la commission était mal à l'aise, et elle hésitait à discuter avec nous sur un terrain tout nouveau pour elle. Enfin M. Ernest de la Rochette prit la parole, et une conversation générale s'engagea, au grand dépit de M. Léon Faucher, qui eût voulu nous congédier sans mot dire. L'avantage nous demeura si bien que l'économie du projet de loi fut complétement bouleversée. Nos propositions ne furent pas toutes admises ; mais les plus essentielles inspirèrent les décisions de la commission et le vote de la Chambre.

C'était un vrai triomphe. Mais ce qu'il y a de piquant dans l'affaire, c'est que le contre-projet rédigé par M. de Curzon et adopté par les principaux journalistes de province réunis en congrès, se trouve presque tout entier et littéralement dans la loi qui régit actuellement la presse.

***

En sortant de la conférence, M. Emile Crugy me disait :

« Si j'ai jamais une pièce à faire accepter au Théâtre-Français, je vous prierai de la lire. »

Le fait est qu'à défaut d'autre mérite, je possède celui de lire juste et avec sentiment.

Lorsque j'étais enfant, ma plus grande ambition était de devenir « lecteur du roi, » et j'avais étudié en conséquence.

***

Le soir de cette conférence, je me rendis chez M. Thiers, pour lui en rendre compte. Il s'intéressait à la question, et il m'avait fort poussé à m'en occuper.

Je trouvai l'illustre homme d'Etat parmi un groupe formé autour d'un petit vieillard à l'air fin, à la parole spirituelle, au geste sobre, au regard plein à la fois de douceur et d'autorité. C'était le comte de Lowenstein, ambassadeur de Suède, qui racontait avec une grande force de sentiment le meurtre de Charles III, auquel il avait assisté. Le nom des conjurés, les détails de la conspiration, le secret du crime, il rapportait tout en témoin oculaire ; et je n'ai pas besoin de vous dire comme nous écoutions ce sincère langage de l'histoire, et comme nous étions tous suspendus aux lèvres du narrateur. Il n'y avait là, en outre de M. Thiers, que M. Mignet, M. Roger (du Nord), M. le baron de Heckeeren, M. de Ségur-d'Aguessau, M. Maurice Duval, deux ou trois autres personnes et moi. Lorsque le comte de Lowenstein eut terminé, et son récit dura bien trente ou trente-cinq minutes, l'historien du Consulat et de l'Empire, qui n'avait cessé de se dandiner, les mains derrière le dos, sans mot dire, observa : — « Cher comte, tout ce que vous venez de

raconter est parfaitement exact; mais il me
semble que vous avez oublié quelque chose. »
Et alors, de sa voix grêle et parfois nazillarde,
M. Thiers recommença, à un autre point de vue
et avec une infinité de détails nouveaux et de
circonstances ignorées, le récit que nous venions
d'entendre. C'était d'une précision et d'une clarté
merveilleuse. Quand il eut achevé, l'ambassadeur vint lui prendre la main, en disant : « Cher
ministre — quoiqu'il fût depuis dix ans hors des
affaires, ses amis lui conservaient ce titre ; cher
ministre, voilà l'histoire, la véritable histoire !
Je l'avais oubliée, vous m'en faites souvenir. C'est
vous qui étiez témoin du crime d'Ankastroem,
non pas moi. »

...

Un de ces jours, si l'occasion s'en présente,
je vous dirai par quelle heureuse circonstance
j'avais été admis par M. Thiers presque dans
son intimité, et comment, pour ne pas gêner
l'éminent écrivain, après le Deux Décembre, qu'il
avait prédit et presque appelé, mais auquel j'ap-
plaudissais, moi, de toutes mes forces, tandis
qu'il s'y montrait contraire, j'en suis volontairement sorti.

...

Bordeaux ne possède pas seulement des monuments modernes très-remarquables. Il présente encore au regard du visiteur des monuments anciens de la plus grande beauté. Entre autres je citerai les ruines des vieilles arènes, qui sont très-précieuses pour l'art archéologique.

Les Romains étaient de bien puissants bâtisseurs, puisqu'après vingt siècles on retrouve partout les traces de leur architecture.

J'ai idée qu'il ne restera pas grand'chose de nos théâtres, à nous, dans deux mille ans, pour dire aux générations ce que nous étions et ce que nous valions.

...

Demain, je pars pour Dax et Bayonne. Vous me direz que ce n'est pas là précisément le chemin de Cannes ; mais, patience, vous savez que je me suis promis de voyager d'après le principe des écoliers. D'ailleurs, toutes les routes mènent tout le monde à Rome — tout le monde, excepté Garibaldi, bien entendu, qui a pris divers sentiers pour y arriver, et qui n'y parviendra jamais, je l'espère.

V

Dax, 27 décembre.

De Bordeaux jusqu'à Dax, nous traversons un pays triste à mourir, auprès duquel la contrée la plus désolée de notre Bretagne semble une oasis, quelque chose même comme le paradis terrestre. C'est ce qu'on appelle les *landes*, vastes plaines sablonneuses couvertes ici de bruyères, d'ajoncs et de larges flaques d'eau croupie, là de forêts presque impénétrables, à demi-peuplées par le peuple le moins intelligent et le plus sauvage de France. A peine, de loin en loin, aperçoit-on quelques maigres cultures, « pauvres plantes déportées sur un sol hostile, affligées et souffreteuses, en vue de pauvres maisons habitées par les tristes et pâles visages d'une population fiévreuse et par des bestiaux rares et étiolés » Le désert a commencé ; il a plus de 50 lieues de long. Nous ne retrouverons la fertilité, la vie, l'industrie et l'activité humaines que sur les bords de l'Adour.

De tous les bourgs et villages auprès desquels nous sommes passés, il n'en est pas un qui mérite d'être remarqué. Rien de plus monotone que ce paysage toujours semblable. De longues forêts de pins s'étendent à perte de vue sur un terrain plat. La terre, à leurs pieds, est nue ou mal couverte d'un triste gazon flétri. Leurs hautes tiges s'élancent d'un seul jet, entourées d'un cercle de branches régulières. Leur verdure terne ne renvoie pas les rayons du soleil. La brise de la mer, quand elle les caresse, n'en tire que des sons étouffés et mélancoliques. Au sortir de ces forêts, on traverse d'interminables champs de fougères ; ils n'ont d'autre borne que l'horizon ; on n'y voit ni un arbre ni un arbuste. Quelquefois on aperçoit la silhouette d'un pâtre monté sur ses échasses et appuyé sur une longue perche ; ces trois lignes grêles se dessinent dans l'air comme des fils d'araignée ; autour de ce singulier trépied, on entend retentir les voix lointaines et le bêlement plaintif des brebis couchées. Des chevaux libres, petits et maigres, lèvent leur tête au milieu des herbes, ou bondissent effarouchés quand le convoi passe. Cependant cette *prairie* monotone, trop mouillée en hiver, trop desséchée en été, offre parfois un aspect grandiose, et ce pays, presque toujours si triste à voir, est intéressant à étudier.

Du reste, si désolé qu'il soit, il ne laisse pas d'être fort riche à présent, et il tire son opulence de la grande calamité américaine. Les produits résineux qui nous venaient autrefois des Etats-Unis, ne nous arrivent plus que des Landes depuis trois ans, et comme toute marchandise voit hausser ses prix suivant sa rareté, celle-ci a plus que quintuplé de valeur. Toujours même histoire : l'infortune des uns fait le bonheur des autres.

...

L'Empereur a acquis des terrains considérables dans les Landes, où il a établi de grandes fermes. L'exemple des irrigations intelligentes et des défrichements courageux y est donné à la population, qui commence à le suivre.

MM. Pereire ont aussi des propriétés immenses

dans ce pays, qu'ils contribuent à renouveler et à enrichir.

...

La Providence, toujours si sage dispensatrice de ses bienfaits, a réservé à cette contrée, déshéritée de tant d'avantages, un produit qui, pour croître, ne demande ni travail coûteux, ni amendements et engrais, ni bâtiments, ni irrigations, ni de trop longues années d'attente ; produit varié dans ses applications, plus que jamais demandé et même nécessaire : ce produit est le *pin maritime*, que l'on peut regarder à bon droit comme l'un des arbres les plus précieux de la famille des conifères. Il est tellement particulier au midi de la France, que Linné ne l'a pas connu et n'a pu le mentionner dans ses savantes et d'ailleurs si riches nomenclatures. Il vient sans les moindres frais de culture. Jetez sa graine à la volée sur le sol, en préservant seulement les parties ensemencées du piétinement et de la dent des animaux pendant le temps des premières pousses, et vous n'avez plus à vous inquiéter des résultats, même sur les terrains les plus ingrats pour tous autres produits : la nature fera le reste.

A la dixième année, on commence la première éclaircie, qui donne déjà un bénéfice ; les autres suivent à d'assez courts intervalles ; car rien n'est plus hâtif et plus merveilleux que la croissance de cette précieuse essence, complète entre cinquante et soixante ans.

La récolte si importante de la résine se fait dès l'âge de vingt ans et se continue abondante jusqu'au plein développement de l'arbre, qui, abattu, donne encore le goudron, le brai, le charbon. Avec la résine on obtient l'essence de térébenthine et le noir de fumée.

Le bois du pin maritime fournit l'échalas pour la vigne, les piquets pour les clôtures, les pilotis les plus durables que l'on connaisse pour les travaux hydrauliques, les poteaux télégraphiques, les traverses et longrines pour les voies ferrées, les solives et planches propres aux constructions, et enfin un bois de chauffage également employé pour les usages domestiques, la cuisson du pain, les machines à vapeur.

Après le pin maritime vient naturellement, au second rang, le *chêne-liége*, autre production tout-à-fait convenable aux contrées méridionales aussi bien qu'à la nature siliceuse et légère du sol landais.

Cet arbre précieux est, il est vrai, plus long à croître que les arbres résineux ; car on ne commence guère la récolte du liége qu'entre la quarantième et la cinquantième année de l'âge des arbres, selon leur bonne venue et la nature plus ou moins favorable des terrains qui les portent ; mais, dès lors, on enlève le liége tous les sept ou huit ans, et ce commode revenu, qui ne demande d'autres frais et d'autres soucis que ceux de la récolte, dure deux siècles environ. Le chêne-liége donne aussi une récolte secondaire qui n'est pas à dédaigner : c'est le gland, nourriture excellente pour l'entretien et l'engraissement des porcs et des moutons.

...

A Dax, je suis descendu à l'*Hôtel Figaro* — ainsi nommé peut-être parce que son propriétaire s'appelle Courbaise. J'ai demandé l'origine de cette enseigne, et je me suis convaincu qu'elle n'a absolument aucun rapport ni avec le héros de la *Folle Journée*, ni avec Beaumarchais, ni avec Suzanne, ni même avec Séville.

Mais pourquoi Figaro? Cela va m'intriguer comme un rébus pendant la suite de mon voyage.

...

Dax est l'une des villes les plus curieuses que je connaisse, et je ne comprends guère qu'elle ne soit pas plus fréquentée.

Située sur la rive gauche de l'Adour, elle présente d'abord à l'œil étonné du voyageur attentif une sorte de forteresse qui, pour avoir été plus d'une fois remaniée, n'en présente pas moins tous les caractères de son origine romaine. Oui, ce sont bien les Romains qui ont posé ces fières assises et appareillé ces pierres. Ils y ont laissé leur marque puissante, que le temps n'a pu effacer, non plus les outrages des hommes. Mais ce n'est pas la seule trace attestant que cette vieille capitale des Trabelliens a été fortifiée par les anciens maîtres du monde : la ville toute entière est ceinte de murailles dont l'ensemble constitue un monument presque unique en France. Le parement de ces murailles, formées d'une masse épaisse de moëllons noyés dans la chaux, se compose d'assises horizontales de briques, alternant avec des cubes de petit appareil.

« C'est précisément cette doublure extérieure et monumentale que le génie fait piquer à grands frais, depuis quelques années, écrivait en 1849 un écrivain dacquois, pour remplacer l'appareil ancien par la pierre irrégulière de Bidache; puis on crépit le tout, et le lait de chaux fait disparaître complétement l'*opus quadratum*. La reconstruction, ou, pour mieux dire, la dégradation va grand train, et dans quelques campagnes toute l'enceinte sera bien et dûment blanchie. Alors la ville de Dax aura l'air, pendant la nuit, d'un spectre accroupi en chemise; et ses remparts ressembleront de loin à une lessive de draps gigantesques tendus sur des cordes; les courtines seront les linceuls et les bastions remplaceront les piquets. Assurément les ennemis seront bien sots s'ils ne fuient pas à cette vue. »

« Heureusement (je cite maintenant M. de Caumont), le génie, qui faisait faire chaque année une partie de ce badigeon, n'a pas terminé son ignoble travail; la moitié des murs est restée intacte avec sa teinte chaude, son magnifique appareil et ses belles chaînes de briques. »

Mais si l'on a cessé de blanchir et *d'engluer* ainsi à la chaux les murailles romaines de Dax, on a commencé à les démolir. La ville ayant été déclassée, c'est-à-dire ne se trouvant plus dans la catégorie des places fortes, le conseil municipal, à la tête duquel se trouvait cependant un membre du comité des arts et monuments, a voté leur destruction, sous le prétexte d'embellissements, et les a déjà jetés bas aux extrémités des rues principales; les portes qui, du reste, avaient été rebâties, mais qui existaient encore en 1856, sont tombées sous le marteau des démolisseurs. Ces actes incroyables de vandalisme ont soulevé d'énergiques protestations; toutefois il est à craindre qu'en cette circonstance comme en tant d'autres, la sottise ne l'emporte sur la raison. « Certains habitants de Dax se sont persuadé, a dit M. de Caumont, que ce qui fait l'unique intérêt de leur ville, les murs romains, est ce qui empêche le commerce de se développer. « Pourquoi n'avons-nous pas d'indus- » trie? disent-ils gravement; parce que nous » avons des murs romains. » Un autre me tint ce langage : « Il faut que tout change en ce » monde; nous ne voulons pas être gannali- » sés !!! »

Quoi qu'on ait pu dire, M. de Caumont a soutenu, dans le *Bulletin monumental* (n° 7 du tôme xxii, 1857), que l'enceinte de Dax, la plus complète qui existe encore en France, était de construction romaine, à l'exception de quelques parties insignifiantes. Les chaînes de briques horizontales sont d'une régularité si parfaite dans leurs espacements, que l'on peut suivre le même cordon au même niveau, tout autour de la ville, sur les tours comme sur les courtines. Trois rangs de briques forment en général chaque cordon. Dans un grand nombre d'intervalles, les rangs de pierre de petit appareil sont au nombre de cinq; dans d'autres, ils sont au nombre de sept. Un talus existe de la base à la partie moyenne des murs; il se fait au moyen de retraits ménagés dans la brique de chaque cordon.

« Les tours sont très-belles, ajoute le savant archéologue, surtout les tours d'angles. Je n'affirmerais pas qu'elles fussent toutes creuses et qu'elles continssent une chambre; mais j'ai acquis la preuve qu'il en était ainsi pour quelques-unes, probablement pour celles qui ont le plus grand diamètre; peut-être étaient-elles éclairées par la voûte. Je suis certain que plusieurs renfermaient un appartement communiquant avec la courtine.

» Les portes romaines qui donnaient accès aux

principales rues n'existent plus, à l'exception d'une seule, qui avait été bouchée il y a long-temps, et qui doit sa conservation à cette cir-constance ; elle est construite en grand appareil. Les autres portes qui existent encore devaient correspondre à de simples passages. La plus curieuse, sans contredit, est celle qui s'ouvre dans le mur méridional de l'enceinte, près de l'église. Les montants en sont formés d'énormes pierres de toutes dimensions, et l'archivolte de pierres cunéiformes et de briques selon le sys-tème habituel. »

...

Assez d'archéologie comme cela, s'il vous plaît. J'ai à vous parler d'autres choses ; mais le temps et l'espace allant me manquer, je me vois con-traint de faire comme les romanciers et de ren-voyer la suite à demain.

VI

Dax, 28 décembre 1863.

Après les vénérables murailles dont je vous ai un peu longuement parlé hier, ce que Dax offre de plus curieux est la vaste fontaine qui occupe le centre de la grande place de la ville, et dont les eaux bouillonnantes vont se perdre, au milieu d'un tumulte sans commencement connu et sans fin pressentie, dans le lit prochain de l'Adour.

Cette fontaine était célèbre et fréquentée au temps des Césars, et les fiers dominateurs du monde venaient lui demander, dit-on, la guérison des douleurs ou des blessures rapportées de leurs courses victorieuses. Même on montre une baignoire de marbre où je ne sais plus quel Empereur avait l'habitude de plonger les rhumatismes qui, malgré la pourpre, rendaient ses membres endoloris et perclus.

Le bassin de la fontaine a quarante ou cinquante mètres de surface et près d'un mètre de profondeur. Il est entouré d'une grille, et sur sa face principale s'élève un portique d'ordre toscan, au pied duquel l'eau s'échappe incessamment par de larges robinets. Le jaillissement étant continu, depuis des milliers d'années, on demande à Henri Mondeux ou à Vitto Mangiamèle ce que cette fournaise liquide a fourni de tonnes d'eau depuis que Dieu a permis son épanchement régulier. Après l'âge du capitaine, je ne connais pas de problème d'une solution plus facile. Quand la vapeur n'est pas trop abondante ou que le vent la chasse avec force, on aperçoit l'œil de la source, c'est-à-dire l'ouverture par laquelle l'eau sort de terre, à la température de 56 degrés Réaumur. J'ai eu la bonne fortune de pouvoir profiter d'un de ces moments, et, à vrai dire, je n'ai pas vu grand'chose. Toutefois le spectacle général que présente cette eau en ébullition perpétuelle est très-curieux. A propos, les gens du pays prétendent, mais je ne cautionne rien, que la viande plongée dans la fontaine s'y calcine en quelques minutes, tandis que les œufs n'y peuvent pas cuire du tout. Ce qui est plus certain, c'est que l'eau, très-salutaire pour des maux nombreux, est, en outre, excellente pour tous les usages domestiques, et que les boulangers s'en servent pour la fabrication du pain.

Il va sans dire qu'on a cherché plusieurs fois, au moyen de sondes, à calculer la profondeur de la source. Est-il besoin d'ajouter qu'on n'a jamais pu y parvenir?

***

Si les habitants de Dax ne sont pas quelque peu plus propres que nos Bretons bretonnants, ce n'est pas tout-à-fait qu'ils manquent d'établissements de bains. Sur la place de la Fontaine on en compte jusqu'à dix-huit : *Bains de César; Bains thermaux; Bains de la Jeunesse, etc.* — Je connais beaucoup de grandes villes qui n'en possèdent pas autant, et cependant sont très-civilisées.

***

Dans les fossés de la ville d'autres sources s'échappent en grande quantité. On n'a qu'à gratter un Russe pour trouver le Cosaque, dit-on. Ici on n'a qu'à creuser la terre à six pouces pour trouver l'eau thermale.

Cette eau des fossés ne présente, quant aux propriétés chimiques, rien qui ne soit commun aux autres sources chaudes, tandis que celle de la grande fontaine a une qualité toute exceptionnelle et qu'on ne rencontre presque nulle part. Cependant, en quelques endroits, elle se convertit en une boue épaisse, noirâtre, floconneuse et gluante, très-recommandée et très-efficace pour la guérison de certaines maladies cutanées.

Étrange pays, dont le sol ne ressemble à aucun autre et dont les habitants ne paraissent pas se douter que, avec un peu d'industrie et beaucoup de réclames, ils pourraient assurer aux eaux thermales qu'ils possèdent une grande célébrité et une incomparable vogue.

...

Mais ce n'est pas tout, et du sein de l'Adour qui coule au pied de la ville, on voit s'élever de distance en distance de hautes colonnes de fumée indiquant des sources bouillonnant dans

le lit même du fleuve. C'est bizarre et très-inté-
ressant. Je voudrais bien savoir ce que peut produire l'eau chaude se mêlant à l'eau froide. —
De l'eau tiède, parbleu. — Mais les poissons,
comment s'arrangent-ils de ces phénomènes ?
Voilà ce que j'ignorerai vraisemblablement toujours.

A l'extrémité sud de la ville s'élève une colline
qui fut autrefois un volcan et sur le haut de laquelle Borda, le célèbre mathématicien, se fit
construire un observatoire où son génie laborieux
déroba à la science quelques-uns de ses secrets.
Ce volcan éteint me donne sérieusement à
penser, et j'ai presque hâte de fuir cette contrée
sous laquelle le feu intérieur a encore une violence inquiétante, et qui semble incessamment
menacée d'un grand cataclysme. Si un jour, ils
voient surgir autour d'eux des laves au lieu
d'eau chaude j'ai bien peur que les habitants
de Dax n'aient le sort de ceux de Pompéï. Il est
vrai qu'ils auraient peut-être l'heureuse chance,
à leur tour, d'être retrouvés, après dix-huit

cents ans, pétrifiés pour ainsi dire, et convenablement conservés.

Du haut de l'observatoire de Borda, transformé en couvent de femmes, la chaîne immense des Pyrénées se déploie, assure-t-on, dans toute sa majesté imposante, à l'œil surpris du voyageur ; mais aujourd'hui le temps est plein de brouillard, et le tableau que je cherche me manque tout-à-fait. C'est dommage. J'ai tant désir d'admirer des montagnes! Mais patience, patience ! Je connais le précepte de Mahomet, et, mettant la sagesse du Koran en pratique, demain j'irai chercher les sommets superbes qui, aujourd'hui, ne veulent pas venir à moi.

***

L'église de Saint-Paul, située à deux kilomètres de Dax, renferme un morceau d'architecture fort remarquable. C'est son abside, d'un roman très-pur, à laquelle il ne manque pour être parfaite que l'entablement. A l'intérieur, tout le fond, orné de onze arcades creuses formant le consessus antique, est orné de peintures qui, disposées en trois zônes, représentent des scènes de l'Ancien et du Nouveau Testament. A l'extérieur, on admire des bas-reliefs en marbre d'une grande valeur archéologique, d'une exécution précieuse et d'un rare dessin. Il est impossible de voir des animaux fantastiques plus extraordinairement composés que ceux du premier panneau du côté du sud ; les rêves les plus bizarres d'une imagination en délire ne produisent rien de pareil ; tout cela cependant est plus effrayant que grotesque : c'est de la sculpture vigoureuse, bien comprise, et qui est loin d'être vulgaire. Tous ces morceaux sont extrêmement intéressants et d'un aspect très-puissant. Je les crois, comme le reste de l'édifice, de la fin du XIIe siècle. Quel est l'auteur de ces chefs-d'œuvre d'un autre âge ? On l'ignore ; mais ce qu'on sait bien c'est qu'il doit figurer parmi les inspirés de l'histoire de l'art.

.

On m'avait signalé les femmes de Dax comme rivalisant avec les beautés arlésiennes, si justement célèbres. Est-ce ma faute ? est-ce la leur ? je ne saurais le dire ; mais là, bien franchement, je ne les ai point trouvées à la hauteur de la réputation qu'on leur a faite.

Je ne procéderai point comme ce voyageur qui, arrivant à Blois, trouve une femme rousse, puis une bossue, et inscrit sur ses tablettes : « Blois. — Les femmes ont les cheveux rouges et sont contrefaites. » Je me bornerai à dire que les Dacquoises ne sont pas les plus jolies du monde.

Pend-on, en ce pays, parce qu'on parle comme on pense ?

⁂

J'ai apporté, pour la classer pendant les loisirs du voyage, la correspondance assez volumineuse que j'ai entretenue depuis une vingtaine d'années avec plusieurs des illustres de ce temps. Un journaliste qui a traversé des époques tourmentées et s'est trouvé mêlé au maniement des choses politiques, possède toujours, à moins qu'il n'ait la mauvaise habitude de tout jeter insoucieusement au panier, de curieuses collections d'autographes ; aussi lui serait-il facile, s'il avait un grain de malignité ou s'il se trouvait en veine de mauvaise humeur, de déshabiller bien des personnages qui s'enveloppent fièrement dans la robe de pureté, d'innocence, de fidélité aux principes et d'invariabilité absolue. Ah! combien de gens je pourrais confondre, pourvu que cela me plût! Mais ce petit travail ne m'agrée point, Dieu merci, et j'aime mieux tout simplement reproduire ici une lettre charmante qui m'a été écrite, il y a tantôt douze années, par M. Guizot :

« J'ai été très-touché, Monsieur, de vos pa-
» roles dans l'*Union bretonne*, et je le suis en-
» core plus du sentiment que je trouve dans
» votre lettre. Dans un temps faux et froid comme
» le nôtre, c'est un profond plaisir que d'ins-
» pirer un peu de sympathie chaude et vraie.
» Gardez-moi la vôtre, Monsieur, et croyez
» qu'elle vaut pour moi beaucoup plus qu'une
» satisfaction d'amour-propre. Je vous remer-
» cie de me l'avoir ainsi témoignée, et je vous
» renvoie en retour l'assurance de mes senti-
» ments bien sincères et affectueux.

» GUIZOT.

» Paris, le 11 février 1852. »

Ces lignes aimables contrastent avec le ton ordinairement un peu sec et froid de l'ancien président du conseil, qui porte jusque dans sa correspondance journalière l'affectation austère du protestant puritain. Je sais un gré infini à M. Guizot d'avoir un jour en ma faveur rompu avec ses formes habituelles, et je considère le billet ci-dessus comme un vrai trésor.

...

A l'époque où j'avais l'honneur de voir M. Guizot, il habitait, rue Ville-Lévêque, un petit hôtel très-modeste et tout-à-fait en harmonie avec son caractère. J'étais reçu, tantôt le matin, dans le cabinet où l'illustre écrivain a tracé tant de belles pages ; tantôt, le soir, au salon, où il se délassait, en compagnie de ses filles et de quelques amis, de son rude travail de la journée. Le cabinet était très-simple, et le salon fort bourgeois. Sur chaque meuble du salon, à la suite duquel se trouvait un petit *retiro*, on voyait, gravée dans le bois ou brodée dans l'étoffe, la devise adoptée par M. Guizot : *Recta omnium brevissima*. Trois portraits ornaient le *retiro* : celui du maître, peint par Paul Delaroche; celui de la reine d'Espagne; celui enfin de la duchesse de Montpensier. Sur le cadre de ces derniers, je me rappelle avoir lu cette inscription : *Dado por la Reyna Isabella al senor Guizot.* Ces portraits ont, en effet, été offerts au ministre de Louis-Philippe à l'occasion des mariages espagnols, auxquels il a eu tant de part et dont l'Angleterre s'est plus tard vengée en applaudissant scandaleusement à la révolution de Février.

M. Guizot est petit, un peu grêle, la tête ascétique, froid, mais très-bienveillant. Il cause volontiers et semble écouter avec intérêt. Sa parole est claire, nette et brève; son geste a une grande sobriété, et il tient presque comstamment la main droite cachée sur la poitrine dans son ample redingote, toujours longue et de couleur noire. Lorsqu'il a pratiqué les gens, il s'ouvre à eux sans réticence, et se montre dans ses relations le plus poli des hommes.

Les rapports suivis que j'ai eus avec lui pendant deux années m'ont inspiré pour sa personne un grand respect, et pour sa parfaite bienveillance une inaltérable gratitude.

Tout récemment M. Guizot m'a fait l'honneur

de m'écrire une lettre toute aimable, à l'occasion de mon livre sur la coupable entreprise de M. Renan contre la Divinité de Jésus.

***

Ce livre m'a valu, d'ailleurs, de nombreuses lettres, entre autres une très-affectueuse de Mgr l'évêque de Nantes; une autre très-extravagante de M. Louis Veuillot.

En vérité, même en matière religieuse, le prélat vaut mieux que le fougueux polémiste laïc.

VII

Bayonne, 29 décembre 1863.

La ville de Bayonne est très-avenante et très-propre; il me semble qu'on s'y doit facilement et beaucoup plaire. On ne s'aperçoit pas pour ainsi dire que c'est une place forte de premier ordre, tant on y respire à l'aise et en pleine liberté. La citadelle se trouve habilement dissimulée; les portes à pont-levis sont plus pittoresques que d'apparence formidable, et il faut une extrême bonne volonté pour parvenir à deviner l'enceinte qui enserre la cité. Tout enfin concourt à tromper l'œil et à lui faire illusion. A l'entour le paysage est aussi charmant qu'animé, et l'Adour, que sillonnent incessamment de petits navires, ajoute un vif intérêt aux panoramas ravissants que présentent les bords enchantés de la Nive.

Mais, au lieu de faire de la poésie descriptive, j'ai bien envie de faire de l'histoire. Cela me sera d'autant plus facile qu'un ami intime — que je connais depuis un peu moins d'une demi-journée — vient de m'ouvrir, non-seulement la bibliothèque publique, mais encore un livre où se trouvent résumés tous les événements principaux et séculaires dont la ville a été le théâtre.

***

Bayonne existait probablement avant l'ère chrétienne; car les Romains s'en étant emparés, y construisirent une forte citadelle et y entretinrent une escadrille de galères. Mais son origine est inconnue. Elle s'appelait alors *Lapurdum* (en basque, comme en celte, *lapur-dun* veut dire désert profond). On lit dans la notice d'Antonin, écrite vers la fin du IIIᵉ siècle : « Le tribun de la cohorte de la Novempopulanie réside à Lapurdum, dans le pays des Tarbelliens. » A quelle époque Lapurdum acquit-elle le titre et les droits de cité? On l'ignore.

Quoi qu'il en soit, c'était une ville importante lorsque l'empire romain s'écroula. Les Alains, les Visigoths, les Basques, les Normands la ravagèrent et l'occupèrent tour-à-tour; puis elle perdit jusqu'à son nom, qu'elle laissa au pays environnant (le Labourd). Quand elle reparut dans l'histoire, elle était gouvernée par des vicomtes, et s'appelait *Bayonne* (la bonne baie, le lieu du port, le lieu des rivières).

Le mariage d'Éléonore de Guienne avec Henri Plantagenet fit passer Bayonne sous la domination anglaise. Elle se montra dévouée en toute circonstance à ses nouveaux maîtres, qui, du reste, confirmèrent et même étendirent ses priviléges.

En 1292 ou 1293, un pilote normand ayant été tué par des Anglais dans une rixe sur le port de Bayonne, cet événemeut amena une guerre sanglante entre les marins des deux pays, puis entre les deux gouvernements. D'abord d'affreuses représailles eurent lieu de part et d'autre. Les Anglais et les Hollandais se joignent aux Gascons; les Picards, les Flamands, les Génois, soutiennent les Normands; alors les rois de France et d'Angleterre descendent à leur tour dans l'arène. Philippe-le-Bel fait citer Édouard Ier

« devant lui pour répondre de tous les forfaits
commis par les Anglais. » Édouard Ier n'obéit
pas ; mais il délègue à sa place son frère Edmond, comte de Lancastre, avec plein pouvoir
« de redresser et amender les torts faits au roi
de France et aux siens. » Il demande la main de
Marguerite, sœur de Philippe, et promet d'assurer le duché d'Aquitaine aux enfants qui naî-
traient de ce mariage; bien plus, pour témoigner
sa confiance et son bon vouloir à Philippe, il
enjoint à son sénéchal et à ses autres officiers
de « rendre au roi de France toute la terre
de Gascogne à sa volonté » (5 février 1294).
Cependant Philippe, prenant possession de
Bordeaux, d'Agen, de Bayonne et d'autres villes
ou châteaux, déclare Édouard contumace pour
ne pas s'être présenté au jour assigné, et réitère
la sommation au plus bref délai. A cette nouvelle, Édouard, furieux d'avoir été joué, en appelle aux armes. Je ne raconterai pas cette longue guerre ; je constate seulement que, le 1er
janvier 1295, Édouard Ier fit occuper Bayonne
par une armée à laquelle les habitants s'empres-
sèrent d'ouvrir leurs portes. De nouveaux priviléges récompensèrent la fidélité de cette ville, et
accrurent sa reconnaissance, qui ne se démentit

jamais. Aussi repoussa-t-elle, en 1374, une attaque sérieuse du roi de Castille, allié de la France, et, lorsqu'elle fut attaqué, en 1451, par les troupes de Charles VII, sous les ordres de Dunois et du comte de Foix, se défendit-elle avec une rare énergie; mais force lui fut de capituler. Dunois, pour la punir de son opiniâtreté, exigea que le commandant de la garnison, Jean de Beaumont, demeurât prisonnier du roi avec tous les gens de guerre, et que les bourgeois lui payassent quarante mille écus de contribution. A ces conditions, Bayonne ouvrit ses portes et redevint française. C'était la dernière place, à la réserve de Calais, que les Anglais eussent encore dans le royaume.

« Le 20 août, jour où devait avoir lieu la remise de la place, et le temps étant beau et clair, une espèce de météore, figurant la croix blanche de France, se montra pendant une demi-heure dans les airs. Dans la disposition où se trouvaient les affaires, les Bayonnais virent là une approbation miraculeuse de leur soumission à la France; et lors ceux de la ville qui s'étaient le jour d'avant rendus, et avaient leur composition faicte, ôtèrent leurs bannières et pennons aux croix rouges, disant qu'il plaisait à Dieu qu'ils fussent

Français et qu'ils portassent tous la croix blanche, et alors furent portées les bannières du roi au hault de la tour du château d'icelle ville par les héraults, dont chacun eut grande joie. »

Sous Louis XII, le duc de Longueville fit commencer les fortifications, qui, continuées et agrandies sous François Ier, permirent à Lautrec, gouverneur de la Guienne, de repousser, en 1523, plusieurs assauts d'une armée espagnole. Les femmes, les enfants, les jeunes filles, aidèrent courageusement les hommes à la défense de la ville. Louise de Savoie écrivit aux Bayonnais une lettre qu'ils conservent dans leurs archives, pour les remercier de leur belle conduite en cette circonstance difficile. Trois ans après, François Ier arrivait à Bayonne, où l'attendaient sa mère et la cour. Après une année de captivité, le traité de Madrid lui avait rendu sa liberté. On sait ce qu'était ce traité. Le roi renonçait à l'Italie, donnait la Bourgogne, épousait la sœur de Charles-Quint, rétablissait Bourbon, abandonnait ses alliés, livrait ses deux fils en ôtage, et, si le traité n'était pas exécuté, rentrait en prison. Le matin du 14 janvier, où il devait signer et jurer, il protesta secrètement, par-devant notaire, et établit par acte authentique qu'il allait faire un faux serment. L'échange eut lieu sur la Bidassoa, dans une barque. Lannoi y amena le roi, et reçut des mains de Lautrec les petits princes François et Henri. François Ier bénit ses enfants, les larmes aux yeux, et, tandis qu'on les emmenait sur la rive espagnole, il gagna la rive française avec Lautrec. « Me voici roi de rechef, » s'écria-t-il en mettant le pied sur la terre de France et en s'élançant sur un fougueux cheval turc qui l'emporta jusqu'à Bayonne. A peine arrivé dans cette ville, un messager de Lannoi le somma de ratifier le traité, comme il s'était engagé de le faire dans la première ville de France où il s'arrêterait. Il les paya « en monnaie de singe, » d'une farce, d'un sourire, disant en substance : « Vous avez vos Cortès, moi mes États; je dois les consulter. »

En 1565, Bayonne donna son nom à une entrevue qui y eut lieu entre le roi Charles IX et la reine Catherine de Médicis, d'une part, la reine d'Espagne et le duc d'Albe, d'autre part. Près de trois semaines se passèrent en bals, en joutes et en festins.

« Le samedi 25 juin, Leurs Majestés firent un festin aux seigneurs et dames d'Espagne, dans une île distante de Bayonne d'environ une lieue,

tellement que toute la compagnie y fut conduite
en barques et bateaux, somptueusement et magnifiquement accoutrés; et en passant eut le plaisir de voir nager et combattre sur mer baleines,
tortues, chevaux, loups, tritons, et autres sem-
biables animaux et monstres marins fort bien
représentés au naturel. Le festin fut bien l'un
des plus braves et des plus somptueux qui eussent été faits de mémoire d'homme. Car, outre la
rareté et délicat apprêt des viandes, tout le
service y fut fait par gentilshommes et demoiselles, déguisés en bergers et bergères, fort
richement et mignardement habillés. »

Qu'elle ait été ou non complotée à Bayonne,
la Saint-Barthélémy ne devait pas y faire de
victimes. « A Bayonne, dit d'Aubigné, arriva le
courrier qui venait de faire mettre en pièces les
hommes, les femmes et les enfants de Dax qui
avaient cherché leur sûreté dans la prison. Mais
le vicomte d'Orthe, gouverneur de la ville, répondit au roi en ces termes : « Sire, j'ai com-
» muniqué le commandement de Votre Majesté
» à ses fidèles habitants et gens de guerre de la
» garnison, et je n'y ai trouvé que bons citoyens
» et braves soldats, mais pas un bourreau. C'est
» pourquoi eux et moi supplions très-humble-

» ment Votre dite Majesté vouloir employer en
» choses possibles, quelque hasardeuses qu'elles
» soient, nos bras et nos vies, comme étant,
» autant qu'elles dureront, Sire, vos, etc. »

Pendant la Ligue, le repos de Bayonne ne fut pas troublé. Seulement, en 1594, un traître, nommé Château-Martin, ourdit un complot qui avait pour but de livrer la ville aux Espagnols. Il fut découvert, arrêté et roué avec ses complices.

En 1636, les Espagnols essayèrent de s'emparer par la force de cette place, qu'ils n'avaient pas cessé de convoiter. La résistance du duc d'Épernon et du duc de La Valette fit échouer leur tentative. En 1651, une nouvelle conspiration se termina, comme la première, par l'exécution du coupable principal, qui, cette fois, était un Espagnol.

Durant tout le temps que dura la Fronde, Bayonne resta fidèle au roi. Le 17 juillet 1659, Mazarin la traversa pour aller conclure, avec don Louis de Haro, ministre d'Espagne, la paix des Pyrénées. Le roi et la reine-mère y firent un long séjour, et les habitants, qui leur donnèrent des fêtes magnifiques, célébrèrent leur retour avec une nouvelle magnificence, quand Louis XIV ramena de Saint-Jean-de-Luz l'infante Marie-

Thérèse, qu'il venait d'épouser. Les chroniques de la ville ont conservé les détails des cérémonies et de l'entrée du roi. « Le roi arriva avec son frère et Madame, dans le carrosse de la reine sa mère. Il fut complimenté par le duc d'Épernon, qui lui présenta le sieur d'Olive, premier échevin, lequel, à genoux et assisté de tout son corps, fit son compliment au nom de la ville. Le pont Saint-Esprit, un des plus beaux de l'Europe, était bordé de quatre à cinq cents mousquetaires. Pendant que sept joueurs de hautbois, qu'on avait fait venir de Toulouse, faisaient entendre sur la rivière la plus douce harmonie, qu'interrompait par intervalles l'artillerie de la place, des forts et des vaisseaux, vingt chaloupes, montées chacune de douze matelots vigoureux, en bonnets rouges et en vestes blanches, exécutaient sous les yeux du roi des évolutions dont on admira la précision et la variété. Le roi logea à la maison des sieurs Sorhaindo frères, rue Orbe, et la reine à l'évêché. Il fut offert à Leurs Majestés plusieurs présents, entre autres cent piques dont les fers étaient dorés, des jambons et des confitures. Le roi séjourna huit jours dans la ville, et en parcourut tous les environs, qu'il trouva *dans le plus*

VIII

Bayonne, 30 décembre 1863.

Reprenons, pour l'achever, notre récit suspendu. S'il vous ennuie ou vous fatigue, vous avez toute liberté de tourner la page. Seulement ne m'en voulez point à l'excès : je tâcherai, dans le cours de mon voyage, de ne pas faire d'autres excursions historiques.

Sous l'Empire, Bayonne devint le théâtre d'événements si importants, que leur récit remplit presque tout un chapitre du tôme VIII de l'*Histoire du Consulat et de l'Empire*, par M. Thiers.

Ce fut en effet dans cette ville, et dans le château voisin de Marrac, que Napoléon détrôna les Bourbons d'Espagne, pour mettre à leur place son frère Joseph, et qu'il donna à la Péninsule une constitution nouvelle. Je ne citerai qu'un des épisodes de cette révolution.

« La nouvelle de l'insurrection de Madrid arriva à Bayonne le 5 mai, à quatre heures de l'après-midi. En la recevant, Napoléon, dit M. Thiers, y vit sur-le-champ le moyen de produire la secousse dont il avait besoin pour terminer cette espèce de négociation entamée avec les princes d'Espagne. Il se rendit auprès de Charles IV, la dépêche de Murat à la main, et montra plus d'irritation qu'il n'en éprouvait de ces vêpres siciliennes dont on avait voulu faire l'essai à Madrid. Il simula l'irritation devant ces vieux souverains, qui furent fort effrayés de voir en colère celui dont ils dépendaient. On fit appeler les infants, et à leur tête Ferdinand VII. Aussitôt entrés dans l'appartement de leurs parents, ils furent apostrophés par le père et par la mère avec une extrême violence. • Voilà donc ton ouvrage! dit Charles IV à Ferdinand VII... Le sang de mes sujets a coulé; celui des soldats de mon allié, de mon ami, le grand Napoléon, a coulé aussi. A quels ravages n'aurais-tu pas exposé l'Espagne, si nous avions affaire à un vainqueur moins généreux ! Voilà les conséquences de ce que toi et les tiens avez fait pour jouir quelques jours plus tôt d'une couronne que j'étais plus pressé que toi de placer sur ta tête. Tu as déchaîné le peuple, et personne n'en est plus maître aujourd'hui. Rends, rends cette couronne trop pesante pour toi, et donne-la à celui qui est seul capable de la porter. » En proférant ces paroles, le vieux roi, condamné à une si affligeante comédie, agitait une canne à pomme d'or, sur laquelle il s'appuyait ordinairement à cause de ses infirmités, et il sembla aux yeux de tous les assistants qu'il en menaçait son fils. Le père avait à peine achevé que la vieille reine, celle-ci avec une colère qui n'était pas jouée, se précipita sur Ferdinand, l'accabla d'injures, lui reprocha d'être un mauvais fils, d'avoir voulu détrôner son père, d'avoir désiré le meurtre de sa mère, d'être faux, perfide, lâche, sans entrailles. En essuyant toutes ces apostrophes, Ferdinand VII, immobile, les yeux fixés à terre, avec une sorte d'insensibilité stupide, ne répondait rien, ne témoignait rien et souffrait tout. Plusieurs fois sa mère, l'interpellant, s'approchant de lui, le menaçant de la main, lui dit : « Te voilà bien, tel que tu as toujours été ! Lorsque ton père et moi nous voulions t'adresser quelques exhortations dans ton intérêt même, tu te taisais, en ne répondant à nos conseils que par le silence et la haine... Mais réponds donc à ton père, à ta mère, à notre ami, à notre protecteur, le grand Napoléon. » Et le prince, toujours insensible, se taisait, affirmant seulement qu'il n'était pour rien dans les désordres du 2 mai. Napoléon, embarrassé, presque confus d'une scène pareille, quoiqu'elle amenât la solution désirée, dit à Ferdinand d'un ton froid, mais impérieux, que, si le soir même il n'avait pas résigné la couronne à son père, on le traiterait en fils rebelle, auteur ou complice d'une conspiration qui, dans les journées des 17, 18 et 19 mars, avait abouti à priver de la couronne le souverain légitime. Il se retira ensuite pour attendre à Marrac le prince de la Paix, afin de conclure avec lui un arrangement définitif, sous l'impression des événements de Madrid. »

...

J'ai reproduit quelques lignes empruntées à l'*Histoire du Consulat et de l'Empire*. Cela me fournit l'occasion que je cherchais de vous dire dans quelles circonstances j'ai eu l'honneur de connaître l'illustre auteur de ce livre, si magnifiquement caractérisé par l'Empereur.

***

C'était en novembre 1849. Je passais quelques jours à Paris, et, déjà en relations avec un grand nombre d'hommes politiques, j'éprouvais le vif désir de causer avec M. Thiers, à qui, d'ailleurs, mon nom et mes travaux n'étaient pas absolument étrangers. Je lui écrivis pour lui demander audience, et reçus immédiatement de M. Martin, son secrétaire, rendez-vous pour le lendemain midi.

A l'heure précise je me présentai à l'hôtel de la place Saint-Georges, et fus immédiatement introduit dans le cabinet de l'éminent écrivain, — un cabinet grand comme le monde, peuplé de livres, de globes, de cartes, d'albums à n'en plus finir, et garni d'objets d'art dénotant un goût achevé et très-pur.

M. Thiers vint au-devant de moi et m'accueillit avec une grande bienveillance; mais je vis que je le dérangeais, et comme ce n'était point une simple visite que je voulais lui faire, je m'excusai en lui demandant de me désigner un moment plus propice.

— En effet, me dit-il avec une parfaite obligeance; je suis très-occupé en cet instant, et cependant j'ai à vous entretenir longuement. Tenez, le soir, de 9 heures à minuit, mes amis viennent me voir; le nombre n'en est pas présentement considérable; si vous voulez bien l'augmenter, vous me ferez grand plaisir.

Et, en parlant ainsi, il regardait un à un les titres de quatre de mes livres que je venais de lui offrir : *Le Communisme,* — *le Droit au Travail,* — *le Libre-Echange,* — *la Situation des Classes ouvrières.*

— Vous traitez des sujets fort sérieux, ajouta-t-il. Vous avez raison. Même quand on est très-jeune comme vous, mieux vaut être grave que léger. L'esprit y gagne sans que le cœur y perde.

A ce soir, Monsieur. Je vous attends.

L'invitation était trop précieuse, surtout faite en ces termes, pour que je n'y répondisse pas.

Le soir même je retournai donc chez M. Thiers, que je trouvai sommeillant dans un fauteuil, près du feu, ainsi qu'il a l'habitude de le faire toujours après son dîner.

Les salons de réception se trouvent au rez-de-chaussée, au nombre de trois ; c'est dans le troisième qu'on se tient, lorsqu'il y a peu de foule. On entre sans être annoncé, les domestiques ne figurant dans l'antichambre que pour prendre le paletot du visiteur ou le lui restituer. L'éclairage des deux premiers salons est presque nul ; celui de l'autre est modeste. Sur une table sont des verres, de l'eau et du sucre, puis une bouilloire de thé. Chacun se sert comme il veut, à son moment et à son gré, sans que les valets ou les maîtres s'en occupent aucunement.

Lorsque j'entrai, il n'y avait encore de réunis que M. Mignet, debout le dos tourné contre la cheminée ; M. Fayolles, avocat, que j'avais connu en 1832, étant encore enfant, à la prison de Nantes ; puis Mme Thiers, Mme et Mlle Dosne ; enfin M. Thiers, dormant.

J'avoue que je fus un peu embarrassé de moi, d'abord, obligé de me nommer et de m'annoncer à Mme Thiers, que je n'avais jamais eu l'honneur de voir. Heureusement M. Thiers se réveilla tout-à-coup, et venant à moi en hâte, me présenta avec la meilleure bonne grâce et dans des termes dont je suis vraiment encore un peu confus. Puis, me prenant par le bras, l'illustre écrivain me conduisit à un canapé, où il demeura toute la soirée auprès de moi, se levant pour saluer les arrivants, mais se rasseyant aussitôt et reprenant la conversation interrompue.

Ce qui se dit dans ce premier entretien fut tout politique. Je pourrais le répéter en détail, tant mes souvenirs sont présents; mais cela m'entraînerait trop loin.

J'aime mieux vous raconter ce qui se passa dans le même salon, à deux années de là, c'est-à-dire le 30 novembre 1851, la veille même du jour où le coup d'Etat fut résolu.

***

Ce soir là, nous étions une douzaine au plus chez M. Thiers, devisant d'un vote qui avait séparé l'Assemblée législative en deux parties égales, et d'où ressortait nettement que, le pouvoir n'existant plus nulle part, le pays courait le plus grave des dangers si, d'un côté ou de l'autre, il n'était pris une initiative hardie et toute-puissante.

Un des assistants opinait pour que le Président fût saisi et enfermé à Vincennes. Celui-là, je dois le déclarer, trouva peu d'écho dans l'assistance; mais je ne fus pas peu surpris de le rencontrer, à quelques jours de là, parmi les membres de la Commission consultative, et, plus tard, parmi les sénateurs de l'Empire. *Quantùm mutatus !*

M. Thiers s'occupait presque uniquement, lui, de l'élection présidentielle, qui devait avoir lieu en 1852. Il désirait beaucoup qu'on adoptât pour candidat le prince de Joinville, et disait avec infiniment d'éloquence les motifs qui l'avaient décidé à ce choix.

Seul légitimiste dans la réunion, où se trouvaient, entre autres, MM. Duvergier de Hauranne et Maurice Duval, je protestais contre les préférences de M. Thiers.

— Ce pays est essentiellement monarchique, objectais-je; ne lui imposez pas une plus longue épreuve du régime républicain. Donnez-lui la

Royauté ou l'Empire, Henri V ou Napoléon ; mais ne le jetez pas pas dans les bras d'un prince qui ne restaurerait rien, sinon le fait désormais évanoui de 1830. J'ai une grande estime pour le caractère du prince de Joinville ; mais il ne saurait être président de la République française. D'ailleurs, jamais nos populations de l'Ouest ne l'accepteront, jamais elles ne consentiront à voter pour lui.

— Vous avez raison, interrompit M. Thiers, ce pays est monarchique, et il lui faut la royauté, la vraie, la bonne. Mais le comte de Chambord ne peut être candidat, lui. Or, entre lui et le pays il faut un pont. C'est ce pont que je propose en la personne du prince de Joinville.

— Ce pont, s'écria M. Duvergier de Hauranne, on ne veut point y passer. Tenez, j'arrive du Cher, où tout le monde est républicain, légitimiste ou napoléonien. Eh bien ! il n'y a là qu'une voix en faveur de la réélection de Louis-Napoléon. Vous aurez beau faire, vous n'empêcherez pas cette réélection. Elle sera illégale, inconstitutionnelle, tout ce que vous voudrez ; mais elle se fera, et, une fois faite, il vous faudra bien l'accepter ou la subir.

— Et en Bretagne, que compte-t-on faire ? demanda M. Thiers en se tournant vers moi.

— En Bretagne et en Vendée on fera comme en Berry : on réélira unanimement le prince Napoléon, considéré comme la seule digue assez puissante pour empêcher les débordements de l'anarchie ; et, s'il plaisait aujourd'hui au Président de se déclarer Empereur, toutes nos populations seraient avec lui pour acclamer l'Empire.

M. Thiers demeura quelques instants silencieux. Une ride plissa son front, et il murmura d'un ton semi-résigné, semi-découragé :

— Eh bien, il ne nous reste qu'une chose à faire, à nous, Assemblée législative ; c'est de chercher le moyen honorable de nous en aller.

...

On sait comment l'acte énergique du Deux-Décembre enleva cette peine à l'Assemblée, en la congédiant.

...

Depuis lors je n'ai pas eu l'honneur de revoir M. Thiers. J'eusse été géné chez lui peut-être, et je craignais, le sachant dans le camp des opposants, de ne plus être accueilli par lui aussi affectueusement qu'autrefois.

...

Cependant, en 1855, j'eus occasion de le défendre publiquement contre une calomnie dont il avait été l'objet de la part d'Alexandre Dumas, qui, racontant dans ses Mémoires, l'arrestation de Mme la duchesse de Berry, avait mis à sa charge de petites infamies dont il n'était pas le moins du monde coupable. En ce moment, j'avais entre les mains la preuve écrite de l'erreur du grand fantaisiste, preuve qui m'avait été confiée par M. Maurice Duval. Je la produisis, dans une lettre insérée dans quelques journaux du temps. M. Thiers me fit remercier par M. Gauja, en m'invitant expressément à l'aller voir. Soit insouciance, soit préoccupation étrangère, je ne répondis point à ce bienveillant appel, et franchement je le regrette. M. Thiers est un de ces hommes avec qui on peut être en dissidence sans cesser de les aimer et de les respecter.

Du reste, j'avais beaucoup appris à sa forte école, et je n'aurais pas dû oublier qu'il me restait encore beaucoup à y apprendre.

IX

Bayonne, 31 décembre 1863.

Hier, je me suis laissé entraîner à des confidences rétrospectives qui vous ont semblé
peut-être présenter un intérêt médiocre. Que
faire en voyage, cependant, si l'on ne se res-
souvient? On ne peut pas toujours regarder au
dehors, et l'on éprouve quelque joie à regarder parfois en dedans. En dedans on trouve le
passé, la jeunesse, les émotions du temps écoulé,
les illusions perdues, les rêves évanouis, les
fraîches bouffées d'un printemps disparu, le
bonheur des premiers jours, les déceptions, les
épreuves légères ou pénibles, les blessures gué-
ries, les visions envolées, les éblouissements
dissipés, les tendres épanchements du cœur, les

tressaillements de l'amour naïf, l'orgueil éteint, ou la vanité satisfaite; c'est-à-dire, pour bien parler, la vie elle-même, avec tout le cortége triste ou radieux qui l'accompagne.

...

Apprenti imprimeur à 9 ans; chef d'industrie à 15; littérateur à 17; journaliste à 20, mon existence a été toute entière consacrée au travail; mes heures se sont remplies les unes après les autres aux sources d'un labeur opiniâtre, et je suis arrivé à la maturité de l'âge en entassant mes impressions et mes souvenirs sans avoir le temps de m'y arrêter comme j'aurais voulu, comme j'aurais dû.

Ce que j'ai noirci de papier, usé de plumes, épuisé d'écritoires, Dieu seul le sait. Depuis vingt-quatre années, j'écris pour mon journal de 300 à 400 lignes chaque matin; ce qui donne, après déduction des dimanches et des fêtes, pour le moins 100,000 lignes par an. Si vous aimez les chiffres, cherchez le total de tout cela. Il est vrai que, dans mes loisirs, j'ai fait des brochures et des livres, au nombre d'une qua-

rantaine, sur tous les sujets possibles, même
sur des sujets de théologie.

...

Etonnez-vous, après cela, que, condamné
pour un temps à la vie oisive du voyageur, je
prenne plaisir à déchaîner la folle du logis et
à fouiller un peu dans les secrets replis de
moi-même.

...

Le journalisme est assurément la plus belle
des professions — je n'en excepte aucune, et le
pire des métiers — je n'en excepte aucun.
C'est la plus belle des professions de répandre
des idées, de propager la vérité, de seconder
l'épanouissement du progrès, de multiplier les
forces du bien, de marcher d'un pas ferme et
résolu en tête des croisades civilisatrices. La
mission est vaste et complexe; elle a des aspects
splendides, des horizons immenses, un ciel
plein de clartés lumineuses.

Mais c'est là l'idéal, dites-vous, et nous sommes fort loin de la réalité.

Hélas, oui, et c'est ce dont j'enrage. Toutefois, comme quelques-uns d'entre nous la pratiquent; comme, en mon particulier, je m'efforce de m'y dévouer, la tâche que le journaliste loyal, sincère et bien intentionné poursuit, est la plus honorable de toutes celles qu'un homme puisse aborder ou accomplir. Même dans le cercle restreint où se meut la presse de province, elle est utile — non pas quelquefois et par hasard, mais bien toujours et par la force des choses. Il n'est pas de services qu'on ne lui demande; il n'en est pas qu'elle n'accorde incessamment, sans lassitude et avec un pur désintéressement. Ce qu'elle en retire de plus clair, presque invariablement c'est de l'indifférence ou de l'ingratitude. On s'est habitué à voir les journalistes si accommodants et de si facile composition, si empressés et si serviables, que l'on croit ne leur rien devoir, la plupart du temps, en échange de leur obligeance ou de leur dévouement. Heureux quand on ne les récompense pas en médisant d'eux, même en les calomniant.

Mais, voyons, que nous importe cela? N'avons-nous pas en nous quelque chose qui nous venge, ce quelque chose qui s'appelle la satisfaction de soi-même, c'est-à-dire la conscience?

...

Pour ne parler que des ingratitudes individuelles, bien moindres que celles collectives des partis, habitués, eux, à s'acquitter par des dénis de justice, des outrages ou de scandaleux abandons, je veux vous signaler quelques faits qui me sont personnels.

J'ai bien eu occasion d'écrire ou de publier, depuis que je suis journaliste, trois ou quatre cents notices ou articles nécrologiques. C'est à peine si j'ai reçu trois ou quatre maigres grands mercis.

De la part des morts cela ne me semble pas tout-à-fait surprenant.

Mais de la part des survivants?

Parmi ceux qui ont daigné me remercier, l'un a eu l'obligeance de me promettre spontanément son éternelle reconnaisance. L'éternité a duré une semaine, tout comme les amours de la chanson. Huit jours ne s'étaient point passés, en effet, sans que des actes d'inimité violente n'y eussent mis fin.

***

Cela vous semblera bizarre, mais cela est parfaitement vrai : j'ai fait décorer un homme — un très-galant homme, d'ailleurs, et qui le méritait parfaitement. Pour fêter son ruban, le nouveau chevalier, qui savait l'origine de sa croix, a rassemblé tous ses amis en de magnifiques agapes ; — mais il m'a tout-à-fait oublié.

La chose est fort peu grave en soi ; d'autant plus qu'elle est monnaie courante dans notre existence de journalistes ; mais elle ne m'en paraît pas moins caractéristique.

***

C'est le temps d'élections qui voit le mieux germer autour de nous la graine d'ingratitude. Pendant les jours qui précèdent le vote, on nous choie, on nous caresse, on nous adule. Une fois le scrutin dépouillé, c'est à peine si l'on nous connaît. Vainqueur, le candidat élu attribue à lui tout seul et à son seul mérite les honneurs du triomphe. Vaincu, c'est à nous qu'il s'en prend, c'est nous qu'il accuse, nous dont il signale les maladresses, nous qu'il livre sans vergogne en pâture aux sarcasmes ou aux coups des adversaires.

Cependant je serais à mon tour ingrat si je ne notais deux exceptions. Le jour même de son élection, M. Anselme Fleury me dit : « Entre nous, c'est à la vie à la mort. » Et il n'a jamais manqué à cette affectueuse parole. Le lendemain de la sienne, M. Thoinnet de la Turmélière me promit son concours dévoué dans toutes les circonstances où j'en aurais besoin. Et j'ai éprouvé bien souvent que ce n'était point de sa part un vain engagement. Tous les deux étaient mes excellents amis avant leur nomination ; ils le sont encore après. Je les en remercie de plein cœur.

⁂

Je vous ai dit que le journalisme est le pire des métiers. Ai-je besoin d'insister là-dessus, et n'en savez-vous pas assez pour être de mon avis? Un métier qui donne perpétuellement la fièvre à celui qui l'exerce; qui lui crée des inimitiés sans nombre, le condamne à un combat sans fin, l'expose à toutes les méconnaissances, à toutes les railleries et à tous les outrages; qui l'abreuve d'ennuis, de dégoûts, quelquefois même de désespoirs; ce métier est le plus mauvais de tous; et vraiment si j'avais un ennemi à qui je voulusse beaucoup de mal, je le pousserais dans cette galère doulcureuse, où je serais sûr que son existence s'épuiserait rapidement dans un labeur rude et presque toujours stérile.

...

Cependant une fois entré librement ou par passion dans cette fournaise ardente, on y demeure en dépit de son repos perdu, de ses aspirations, même de ses passagères défaillances. Saint Laurent sur son gril n'était certainement pas très à son aise; mais il n'essaya pas d'y échapper et de le fuir. Quand on a revêtu la robe de Nessus du journalisme, on ne la dépouille plus ; les doigts s'usent à la déchirer; mais si l'on parvient à y faire un petit trou, on s'empresse à le réparer, de peur que le vêtement funeste ne vienne à tomber en lambeaux.

Perpétuelle discordance de l'esprit de l'homme et de son cœur; éternelle contradiction d'une volonté qui, toujours contrariée, ne veut jamais être satisfaite!

Un jour, passagèrement abattu par la maladie dont je souffre et que je suis venu tâcher de guérir ici, je parlais à M. Billault de mon intention d'abandonner les luttes quotidiennes de la presse :

— Gardez-vous-en, me répondit l'homme illustre; soignez votre santé toutefois: nous avons besoin de vous.

Cette parole bienveillante et trop flatteuse de l'homme politique que j'ai le plus aimé et qui m'a témoigné le plus de sympathique confiance, m'a indiqué mon devoir. Franchement j'eusse été désespéré que l'éminent homme d'État encourageât ma retraite, et m'ouvrît quelque issue vers une autre carrière, plus calme peut-être, mais moins en harmonie assurément avec mes goûts et mes préférences. Je suis resté. Jusqu'à quand? Jusqu'à toujours peut-être.

Toutefois il me paraît que le gouvernement

ferait chose sage de nous préparer des relais.
Nous ne sommes pas nombreux à le défendre
dans la presse ; et, quand nous aurons disparu,
je ne vois pas trop qui occupera notre place
vide. Depuis dix ans on aurait dû s'occuper de
cela, et l'on peut regretter aujourd'hui de ne
l'avoir point fait. On n'improvise pas facilement
des écrivains politiques, et l'on rencontre rarement des hommes assez pleins d'abnégation pour
s'exposer aux rancunes, aux calomnies et aux
haines des partis.

****

La condition des journalistes qui défendent la
politique d'un pouvoir établi est toujours embarrassante, parce qu'on la soupçonne de ne pas
être absolument désintéressée. C'était ainsi sous
la Restauration et sous la monarchie de Juillet ;
cela n'a pas changé sous l'Empire. Tandis que
l'opposition se targue de toutes les vertus, de
tous les courages, de tous les dévouements, le
gouvernement permet qu'on entame de toute
sorte ceux qui le servent, qu'on les dépouille
publiquement du caractère de liberté et de parfaite indépendance qui leur appartient presque

toujours et dont ils ont à cœur plus que personne de se revêtir. C'est un grand tort, et là est précisément la cause principale de la pénurie d'hommes intelligents, instruits et habiles qui se fait sentir dans la presse impérialiste. Cette pénurie, on l'éprouve à Paris aussi bien qu'en province ; et l'on peut dire que ce sont les journalistes, non les journaux, qui manquent au gouvernement. Or, il serait grandement temps d'y pourvoir ; plus tard, on s'y essaierait en vain peut-être.

...

Le journalisme, qui n'est point à vrai dire une carrière, offre comme perspective aux écrivains de l'opposition des emplois, des traitements, des honneurs, l'exercice du pouvoir — en cas de révolutions ; et ce qui s'est passé en 1848 comme en 1830 est à cet égard un exemple encourageant et très-attractif. Mais je me demande quel horizon s'ouvre aux écrivains gouvernementaux ? Grave question à laquelle je ne trouve guère de réponse.

...

En France, tout le monde a le droit de se faire journaliste. C'est un mal, et il serait nécessaire qu'une loi intelligente changeât cela. Pour enseigner les petits enfants dans une classe primaire, il faut avoir passé des examens et remplir des conditions morales justement sévères. Pour instruire les hommes dans une feuille publique, il n'est besoin de rien, sinon de savoir, ou à peu près, mettre un paraphe au bas de sa littérature. En vérité, cela est absurde, et contre cette absurdité le bon sens proteste.

On demande à un avocat, avant qu'il puisse parler de mur mitoyen, de séparation de corps, de vol ou d'assassinat, de prouver que la législation nationale lui est familière. Au journaliste, avant qu'il prenne la plume, on ne demande pas même s'il a un vague soupçon des institutions de son pays.

Du médecin qui veut guérir les maux du corps on exige des garanties essentielles. De l'écrivain qui prétend à guérir les maux de l'esprit on ne réclame quoi que ce soit.

Un architecte qui veut bâtir des maisons doit prouver qu'il connaît les règles de la statique. Un publiciste qui a le désir de renverser un gouvernement, pour avoir la satisfaction de lui en substituer un autre, est exempt de toute étude, de tout travail préparatoire, de toute preuve de nature à établir qu'il sait bien, qu'il pense juste et qu'il vit ailleurs que dans les régions de la maladie, de l'ambition désordonnée ou de la dangereuse chimère.

Evidemment il y a là une lacune considérable et un vice essentiel auxquels les gouvernements, dans un temps donné, comprendront qu'il doit être remédié.

On protestera peut-être, au nom de ce qu'on appelle un peu trop pompeusement « la liberté de la pensée. » Allons donc! Est-ce qu'ils pensent véritablement la plupart de ceux qui écrivent?

Quoi qu'il en soit, cette situation demande une grande réforme et l'on finira bien par l'accomplir.

Lorsqu'il faudra avoir pris ses grades pour être journaliste, et démontré que l'on est digne, par son talent, sa science et sa moralité, de remplir le rôle difficile et sacré d'éducateur du peuple, un pas immense sera fait dans la voie du progrès, et les populations seront exposées à de moindres périls.

Ne croyez pas que je fasse en ce moment une

excursion dans le pays d'Utopie. Je me maintiens parfaitement dans le terre-à-terre de la vie pratique; seulement j'embrasse les perspectives de l'avenir, et c'est bien mon droit, au lieu de heurter mon regard aux angles de la réalité présente.

...

Un des priviléges du journalisme, c'est la lettre anonyme, — la lettre grossière, offensante, injurieuse, bien entendu. Sous la prudente garantie d'une signature absente ou illisible, nombre d'individus nous écrivent des calembredaines qu'ils ne nous diraient certainement point en face, de peur d'être châtiés suivant leurs mérites. Mais si ces aimables drôles savaient le cas que nous faisons de leur prose, ils ne se se donneraient certainement point tant de mal à la rédiger.

A une époque, j'avais réussi à connaître l'auteur d'une de ces misérables correspondances. Au lieu de me fâcher, j'en ai ri; seulement je lui ai donné avis, par mon journal, que, s'il continuait son petit manége, je livrerais ses lettres et son nom au public. Le procédé a pleinement réussi, et j'ai été délivré de ces stupides missives qui m'arrivaient auparavant deux ou trois fois la semaine.

Toutefois, comme il y a dans une ville plus d'un seul homme susceptible de lâcheté, la place désertée par l'un a été bien vite occupée par un autre — par d'autres, pour mieux parler, et mon panier n'a point manqué de se remplir encore des débris honteux de lettres non signées.

En 1849 et 1850, temps où la révolution s'agitait encore, on me faisait l'honneur de me menacer de mort; même on avait l'obligeance de m'indiquer le jour, l'heure et le lieu où je serais frappé du fer vengeur. Vous croyez, peut-être, que je m'en suis ému? Allons donc! c'était anonyme.

Depuis, on m'a fait la grâce de n'en plus vouloir à mes jours; mais on n'a pas laissé que de m'accommoder de la belle façon à tous les moments où les événements ont excité un peu les esprits, remué les passions ou tranché les situations. Eh bien! après?

Presque tous les journalistes sont exposés à ces atteintes méprisables, parce qu'on rencontre dans tous les partis des êtres assez abandonnés de Dieu pour ignorer le premier élément de la probité humaine. Toutefois il m'étonnerait qu'un seul de mes confrères traitât les anonymes avec plus de dédain que je le fais moi-même.

...

Mais reprenons, n'est-ce pas? notre récit de voyage. Il me semble, en effet, que la digression a assez longtemps duré.

...

Les environs de Bayonne sont pittoresques et charmants, même au mois de décembre. On dirait que cette contrée est à l'abri des hivers, et, en allant aujourd'hui faire une première excursion à Biarritz, j'ai parcouru une campagne radieuse comme si l'automne n'était point passé ou comme si le printemps était déjà venu.

C'est surtout en se promenant sur les *Allées marines*, qui s'étendent dans une longueur d'un kilomètre sur la rive gauche de l'Adour, qu'on jouit d'un ravissant paysage. A l'extrémité de ces splendides allées, au-delà du ruisseau l'Aritzague, du canal d'Archimède et du moulin, s'élève le *Blanc-Pignon* ; plus loin s'étagent des pignadas, le jardin d'hiver de Bayonne ; enfin, en continuant à descendre la rive gauche de l'Adour, on trouve le Lazaret, établi lors de la peste qui ravagea l'Espagne en 1812, la tour des signaux et l'embouchure du fleuve.

« La barre de l'Adour, dit M. de Quatrefages dans ses *Souvenirs d'un naturaliste*, présente sans cesse l'aspect d'une mer en tourmente. Là l'Océan ne connaît point de repos. Je l'ai visitée par un de ces beaux jours d'automne où la nature entière semble se reposer de l'activité des saisons passées et se préparer au sommeil de l'hiver. A peine un souffle d'air, venant de l'est, soulevait-il les banderolles des navires amarrés de loin en loin aux bords du fleuve, et pourtant, dès les Allées marines, j'entendais ce tonnerre lointain qui annonce une mer agitée. Sous les rayons d'un soleil à demi-voilé qui dorait Bayonne et son cadre de collines, je suivis l'étroite jetée de la rive gauche, barrière bien faible en apparence, mais suffisante jusqu'à ce jour pour protéger les rives sablonneuses contre toute érosion. En face du Boucaut, le bruit du ressac redoubla ; à la pointe du Lazaret, il devint vraiment formidable. J'atteignis enfin la tour des signaux, et du haut de la plate-forme j'embrassai d'un coup d'œil l'embouchure et ses abords.

» Des deux côtés la plage unie et basse s'élevait insensiblement et se hérissait de dunes de sable dont quelques-unes montraient leur cône aride au-dessus des plantations de pins destinées à les fixer. A mes pieds commençaient les digues basses de MM. de Prony et Sganzin, tracées de manière à rétrécir progressivement le lit du fleuve et à agir comme une *écluse de chasse* sur les sables et les graviers. En face s'étendait l'Océan, dont pas une ride ne creusait la surface aplanie par le vent d'est. Et pourtant un demi-cercle de vagues et d'écume séparait la mer et le fleuve ; c'était la barre de l'Adour. Là grondait l'orage que j'entendais depuis une heure.

» La marée montait ; des lames insensibles, venues du large, se relevaient au contact des bas-fonds et se dressaient en longues ondulations, semblables à des murailles d'une demi-lieue. Sapée à la base par le fond de plus en plus haut, elles se courbaient en volutes et s'éboulaient en laissant échapper une blanche poussière. Bientôt relevées, moins hautes, mais plus pressées, elles formaient, en face de l'Adour, comme une quadruple barrière sans cesse détruite et sans cesse renaissante, atteignaient enfin le rivage, se brisaient avec furie, et lançaient, jusqu'au haut du talus incliné qui les arrêtait, leurs longues et rapides fusées. A l'embouchure même, elles se précipitaient dans l'étroit canal, se recourbaient à droite et à gauche contre les jetées, comme pour faire à l'Océan un plus large passage, et roulaient avec elles des morceaux d'une écume jaunâtre qui semblaient un amas de roches flottantes. »

Depuis que l'ingénieur Louis de Foix a fait rentrer l'Adour capricieux dans son ancien lit, d'importants travaux ont été exécutés pour l'y maintenir. En 1694, comme il se jetait du côté de Biarritz, M. de Ferri construisit au sud une digue qui porte son nom et qui rejeta le fleuve du côté opposé. Mais l'état des finances n'ayant pas permis d'adopter les autres projets présentés par cet ingénieur, ni même d'entretenir les ouvrages existants, l'embouchure se déplaça de nouveau et un banc de sable de 3 à 4 mètres ferma la passe. En 1727 seulement on s'occupa sérieusement de porter un remède au mal. Le résultat fut des plus satisfaisants. Mais il ne suffisait pas de construire des digues; il fallait encore les entretenir et même les perfectionner. Malheureusement les travaux commencés durent souvent être abandonnés, faute d'argent. Le 20 juillet 1808, Napoléon rendit un décret en vertu duquel le lit de l'Adour, dont la largeur à son embouchure était de 290 mètres, devait être réduit à 152 sur 80 mètres. Cependant le problème est encore loin d'être résolu, et la barre de l'Adour reste un passage presque toujours difficile, souvent impossible, malgré la présence d'un bateau à vapeur uniquement destiné à la remorque des navires.

M. Beautemps-Beaupré, si sobre d'observations dans les légendes qui accompagnent l'*Atlas hydrographique des côtes de France*, s'exprime en ces termes en parlant de l'Adour : « La mer est quelquefois très-belle au large, tandis qu'elle est affreuse sur la barre de l'Adour et qu'il serait impossible de faire gouverner un bâtiment entre les lames qui s'élèvent alors sur ce danger, quand même le vent serait favorable pour le franchir. »

N'importe ; comme tableau, cette barre de l'Adour est très-curieuse à considérer, et je vous engage fort à l'aller voir si jamais vous venez à Bayonne.

X

Biarritz, 1er janvier 1864.

Triste, triste — comme soupire la ballade al-
lemande.

Voici une année nouvelle qui commence, et
je suis loin de mon foyer, loin de ceux que
j'aime, loin des êtres chéris que je voudrais
enserrer tous dans un embrassement attendri.
Ah ! la vie vaut-elle donc que, pour en conserver
un lambeau, on consente à des séparations qui
la rendent, au moins pour un temps, vide,
amère et désolée ?

Ce point d'interrogation m'irrite et me trouble.
Je n'y veux pas répondre.

Que du moins mon cœur prenne des ailes, et

que, franchissant l'espace, il aille aujourd'hui caresser d'un souffle pur ceux que j'adore.

***

Pour chasser les papillons de couleur sombre qui voltigent obstinément autour de moi, je suis venu visiter Biarritz, séjour enchanté sans doute, mais dont la plage pleine de gros graviers ne vaut point certes mes beaux sables jaunes de Portnichet, et dont les rochers ressemblent à ceux de Belle-Isle à peu près comme des éponges ressemblent à des blocs de granit.

***

Au moyen-âge Biarritz était une ville et un port. Ses hardis marins harponnaient la baleine dans les mers voisines, et les produits de leurs expéditions les enrichissaient. Mais les baleines, lasses d'être poursuivies et décimées, allèrent chercher du repos et un meilleur asile dans les mers du Nord. La pêche devint plus pénible et moins productive. Biarritz vit diminuer peu à peu le nombre de ses habitants et de ses maisons. Au commencement de ce siècle, ce n'était qu'un plus misérable hameau composé de quelques cabanes à peine. Il y a trente ans on n'y parvenait que par un sentier péniblement frayé dans les sables. On ne croyait pas encore aux mérites salutaires des flots ; mais il y avait là une roche percée, d'une forme curieuse ; il y avait des cavités dans lesquelles la lame faisait grand bruit ; on trouvait, près de ce but modeste de la curiosité bayonnaise, une baraque en bois et un brave homme qui vendait de la bière ; et on y allait en caravanes, non pour se baigner, mais uniquement pour se distraire. Aujourd'hui Biarritz est un lieu charmant, très à la mode, possédant un casino grandiose, des hôtels splendides, d'élégants châlets étagés en amphithéâtre, et, mieux que cela, une résidence impériale. On y arrive par des routes supérieurement entretenues ; le maire, un homme que je ne connais pas, mais qui doit être fort intelligent, y fait exécuter des travaux prodigieux ; et le gouvernement y établit, en empiétant sur la mer, un port destiné à rendre de grands services à la contrée.

En arrivant, on aperçoit, sur la droite, un

grand phare, qui s'élève pour guider les navigateurs à l'extrémité du cap Saint-Martin. La falaise rocheuse qui va se terminer à l'extrémité de ce cap, se nomme la côte du Cout. A l'endroit même où s'élève la villa Eugénie, commence la côte du Moulin, dominée par l'église neuve. De l'autre côté des rochers qui ferment la côte du Moulin s'ouvre le petit port des pêcheurs, au-delà duquel s'avance dans le golfe le promontoire de l'Atalaye, protégé par une ceinture de roches éparses. Entre l'Atalaye et la pointe que couronnait l'ancien phare, s'enfonce le Port-Vieux. Enfin au delà du vieux phare s'étend en fer à cheval la côte des Basques aux falaises escarpées. Des chemins habilement tracés, garnis de bancs et suffisamment entretenus, serpentent, montent et descendent le long de toutes les plages, à la base ou sur la crête de tous les rochers. Seulement ils s'interrompent près du Port-Vieux, et on ne descend à la côte des Basques que par un escalier escarpé. Cet escalier va disparaître, pour faire place à une route creusée dans le roc et baignée en plein par les eaux de l'Océan.

***

« La côte des Basques a été jusqu'à présent réservée aux Basques seuls, qui dédaignent la placidité du Port-Vieux, et qui ne trouvent à la côte du Moulin ni assez de plaisirs ni assez de dangers. Ici c'est la grosse lame du large que rien n'amortit, et qui rencontre, au contraire, dans les basses roches semées sur la grève, des obstacles qui l'irritent et la rendent furieuse, même en temps de calme.

» Les Basques n'y viennent du reste qu'une fois l'an, au mois d'août, le dimanche qui suit l'Assomption, et descendent par bandes, de tous leurs villages du Labourd, de la Soule et même de la basse Navarre. Ils portent presque tous un costume de circonstance : un pantalon blanc, une veste blanche, et, en place de béret, une coiffure étrange composée de fleurs et d'une profusion de rubans.

» Chaque bande est précédée des instruments nationaux, un fifre aigu, un tambourin et un instrument inconnu ayant quelque ressemblance, quant à la forme, avec la lyre ancienne, et garni de trois cordes sur lesquelles frappe l'exécutant.

» De la montagne à la mer le chemin se fait lentement, bien que jamais on ne s'arrête ; mais, dès que la troupe voyageuse rencontre un terrain favorable, elle se met en danse.

» Enfin, de tous les points de Biarritz on entend le bruit des instruments, des chants, des cris sauvages ; les Basques arrivent par tous les chemins ; l'irruption commence. En un instant tout le village est envahi ; sur les places, dans les carrefours, et partout où les rues s'élargissent, les groupes se forment. Le *mouchico*, ou saut basque, commence.

» Les femmes occupent le centre, et, sans quitter leur place, chantent sur le rhythme monotone des instruments, en pirouettant sur leurs talons. Autour d'elles, les hommes dansent en décrivant un cercle et en improvisant les pas les plus étranges. Par intervalles ils bondissent en poussant leurs cris étourdissants et en brandissant leurs bâtons, qui se croisent et se heurtent ; puis, à un signal donné, ils se retournent et recommencent dans le sens opposé.

» Lorsqu'ils sont, non pas fatigués (ils danseraient jusqu'au surlendemain), mais satisfaits, ils s'acheminent vers la falaise, descendent sur la grève à la file, se déshabillent, se placent sur une seule ligne, hommes et femmes, et, se tenant par la main, ils s'avancent en chantant, en criant, en hurlant, au milieu des roches, des galets et des plantes marines dont est semée leur côte favorite. Un énorme flot arrive du large en grossissant : toute la ligne l'attend de pied ferme, courbe la tête, tend les épaules ; le flot passe et s'abat aux cris de triomphe des baigneurs, dont pas un n'a bronché.

» Le bain n'est pas de longue durée, mais il se renouvelle à tout instant. Chaque fois qu'ils ont soutenu le choc de quelques vagues, nos baigneurs courent s'étendre sur la grève, se sèchent au soleil et recommencent tant que dure la haute mer.

» Quand on ne se baigne qu'une fois l'an, un peu d'excentricité est bien permise. »

...

La résidence impériale, désignée sous le nom de *villa Eugénie*, s'élève sur le rocher nu qui domine et ferme au nord la côte du Moulin. Elle a été construite en 1855-1856, par M. Durand, architecte, et refaite en partie au printemps de 1857. C'est un bâtiment fort simple en briques rouges, avec chaînes en pierres blanches, dans le style du vieux château de Versailles ; il offre du côté de la mer un développement de 40 mètres , et il domine la plage de 12 à 14 mètres , à une distance de 30 mètres environ. Du côté de Bayonne, deux corps de bâtiment en retour forment une cour ouverte. Il se compose d'un rez-de-chaussée et d'un premier étage.

Un vaste terrain, traversé par un ruisseau, a été clos, d'un côté, de planches; de l'autre, de fossés et d'un treillage en fil de fer. C'est le jardin du château. Mais ce jardin, agréablement accidenté et bien dessiné, ne se compose encore que d'allées sablées et d'espaces vides plus ou moins gazonnés. Le voisinage de la mer ne permet d'y cultiver ni fleurs ni arbres; à peine peut-on y entretenir de la verdure pendant la saison chaude. Toutefois, on y a semé ou transplanté des pins qui, protégés contre les vents de mer par des claies en paille, paraissent devoir changer en peu d'années cette triste solitude en une sorte de parc anglais.

La *villa Eugénie* ne se recommande donc, quant à présent, que par l'admirable vue dont on jouit du haut de sa terrasse et par sa proximité de la mer. Il suffit à ses hôtes de descendre quelques degrés pour se trouver sur la large plage de la côte du Moulin, où la lame est si belle.

L'Empereur aime cette résidence, et c'est grande fête lorsqu'il y arrive. Alors la ville regorge de visiteurs, les routes sont incessamment parcourues par des équipages rapides, et l'on ne peut guère trouver à se loger nulle part, même au prix de beaucoup d'or.

Quant à l'Impératrice, on l'adore à Biarritz; et n'est-ce pas bien juste?

***

Pendant l'hiver, la ville est habitée par deux ou trois mille Anglais, qui fuient les brouillards de la patrie pour jouir du ciel plus clément de l'étranger.

Ils n'ont pas tort, ceux-là; puisqu'il fait presque constamment beau à Biarritz, et qu'on ne se rappelle pas avoir eu besoin d'y souffler dans ses doigts pour les réchauffer.

***

Puisque le nom de l'Empereur s'est trouvé tout-à-l'heure sous ma plume, laissez-moi vous dire les circonstances dans lesquelles j'ai eu l'insigne honneur d'être présenté par deux fois à Sa Majesté.

...

La première fois, c'était sur un bateau à vapeur, le 30 juillet 1849. L'Empereur était alors Président de la République et venait d'inaugurer le tronçon de fer de Tours à Angers. J'étais allé au-devant de lui jusqu'à Tours, en qualité de secrétaire du général Gérard, qui avait bien voulu me donner pendant quelques jours une fonction intime auprès de lui, afin de me faciliter un voyage que j'avais un vif désir d'accomplir. Le Président était accompagné de M. Dupin, président de l'Assemblée législative ; de plusieurs ministres ; de M. Ferdinand Barrot, secrétaire-général de la présidence ; de M. de Persigny, colonel d'état-major de la garde nationale de Paris ; de la plupart des représentants de la Loire-Inférieure, etc. Une députation s'était rendue à Angers pour lui faire cortége jusqu'à Nantes, — A la tête de cette députation, présentée au Président par M. Gauja, préfet du département, figuraient MM. Colombel, maire ; Garnier, président de la Chambre de commerce; Bonamy, président du Tribunal de commerce ; Chérot, adjoint; Cuissart, membre du Conseil municipal, etc., etc.

Le vapeur qui portait César et sa fortune était arrivé devant Saint-Florent. Là, le capitaine reçut l'ordre de stopper pour que le Président pût mieux étudier la contrée où les Vendéens pratiquèrent, en octobre 93, le passage de la Loire, fuyant les armées victorieuses de la Convention ; le lieu où Bonchamp, près de mourir, sauva, par un trait de générosité antique, la vie de cinq mille prisonniers républicains déjà condamnés à périr. M. Bouhier de l'Ecluse, représentant de la Vendée, venait de donner au Prince des renseignements topographiques complétement faux, et de faire des deux scènes qu'il prétendait peindre un récit par trop fantaisiste. Je me sentis tout-à-coup emporté par l'amour du vrai; quelque inconnu que je fusse de l'entourage du Président et du Président lui-même, je pris résolûment la parole, et, sans me rendre bien compte d'un manquement audacieux aux lois de l'étiquette, je rétablis en quelques phrases l'exactitude historique gravement offensée par un narrateur ignorant. Le Prince m'écoutait avec une bienveillante attention, et lorsqu'ayant terminé, je m'éloignai, je le vis parler à l'oreille de M. Ferdinand Barrot. A quelques instants de là, un peu ému encore de l'incident, mais n'y attachant pas d'autre importance, j'aperçus venir à moi M. Lanjuinais, ministre du commerce, et M. Gauja, qui me dirent, de la part du Prince, que j'allais lui être présenté et qu'il m'attendait sur le pont du bateau.

Comblé d'un tel honneur, auquel je ne m'attendais guère, je n'eus garde de m'y soustraire cependant. Le Prince me reçut avec une grande bonté; il me parla de mes travaux, m'encouragea à y persévérer; et la conversation s'engagea sur des questions d'économie politique, très-familières à mon auguste interlocuteur et dont je m'occupais presque exclusivement alors. La pluie tombait fine et serrée; le Prince était couvert d'un paletot en caoutchouc; il insista pour que je ne restasse pas tête nue et me contraignit à jeter mon manteau sur mes épaules. Après dix minutes, je pris congé; le Président daigna m'assurer de sa bienveillance, et moi je lui pro-

mis, en lui déclarant nettement que j'étais légi-
miste, un dévouement sincère à la grande cause
de régénération sociale dont il était l'inspirateur
et le chef providentiel.

***

A quelques jours de là, M. Ferdinand Barrot,
qui s'est, dans toutes les circonstances, montré
parfaitement affectueux et bon pour moi, me faisait l'honneur de m'écrire, de la part du Prince,
une lettre qui figure en tête de mes autographes
les plus précieux.

***

Pendant le trajet d'Angers à Nantes, M. de
Persigny, avec qui je causais depuis quelques
instants, me demanda à brûle-pourpoint :

— Dans ce pays comment accueillera-t-on
l'Empire ?

— On l'acclamera comme l'œuvre du salut
final, répondis-je, sans me déconcerter d'une

question qui, à l'époque où elle était faite, pouvait sembler prématurée ou embarrassante.

La conversation finit là. Je me retirai pour étudier en moi-même les perspectives d'un avenir qui commençait à m'apparaître d'une manière certaine et précise.

Déjà donc, en juillet 1849, l'Empire était envisagé comme le dénoument infaillible de la situation.

***

Un détail d'un autre ordre, et qui, tout puéril qu'il soit, ne montre pas moins quels germes mauvais les plaisanteries railleuses des journaux satiriques jettent dans les esprits eux-mêmes habitués à la réflexion et à l'étude sérieuse des hommes et des choses.

On sait l'insistance que le *Charivari* d'autretrefois a mise à représenter M. Dupin comme invariablement chaussé de gros souliers ferrés, dignes des maçons limousins. Eh bien ! dès que j'aperçus l'illustre président de l'Assemblée législative, mes yeux se portèrent instinctivement et comme malgré moi vers ses pieds, et non sur son visage. Mais voyez l'aventure et combien mon illusion fut promptement détruite : il portait des bottes vernies toutes neuves.

***

La seconde fois que je vis S. M., c'était le 10 juin 1856. Les événements avaient marché : la République avait fait place à l'Empire ; le Président s'appelait Napoléon III.

L'Empereur venait à Nantes, à l'occasion des grandes inondations qui avaient désolé les rives de la Loire.

Quelques personnes seulement lui furent présentées. M. Henri Chevreau, qui m'honorait depuis trois ans déjà de sa confiance et de son affection, voulut que je fusse du nombre.

C'était dans le grand escalier de la Préfecture. Nous étions étagés sur les marches, pour saluer l'Empereur descendant de ses appartements lorsqu'il allait visiter les quartiers envahis par le débordement du fleuve. Le Souverain passait lentement, adressant quelques paroles bienveillantes à ceux dont les visages lui étaient connus. Modestement, et n'étant revêtu d'aucun titre officiel, je m'étais placé le dernier de tous. L'Empereur s'arrêta devant moi, et les paroles qui suivent s'échangèrent ; ma mémoire les a sténographiées pour ainsi dire, et je vous les donne comme textuelles :

Le Préfet. — Je présente à Votre Majesté M. Ernest Merson, rédacteur en chef de l'*Union Bretonne*, qui défend ici avec talent et courage la politique de votre gouvernement.

L'Empereur. — Je connais depuis longtemps vos travaux et vos services, Monsieur. Je vous félicite et vous remercie.

Moi. — Sire, lorsque pour la première fois, il y a sept ans, j'eus l'honneur d'être présenté à Votre Majesté, j'ai pris vis-à-vis d'Elle l'engagement de lui faire beaucoup d'amis en ce pays. Je me suis efforcé de tenir ma parole, et M. le Préfet peut vous dire si j'ai réussi.

Le Préfet. — M. Ernest Merson y a pleinement réussi, et c'est beaucoup à lui, à son loyal concours, qu'on a dû la formation du parti gouvernemental en ce pays.

L'Empereur. — De nouveau, Monsieur Merson, je vous félicite et vous remercie.

***

Je saluai, rempli d'une reconnaissance émue et profonde, et l'Empereur s'éloigna.

En me croisant, le général de Goyon, qui accompagnait l'Empereur, en qualité d'aide-decamp, me dit :

— Quand un Souverain parle ainsi à son sujet, le sujet peut hardiment demander la croix à son Souverain.

— Est-ce qu'on demande ces choses-là, mon général ?

— Oui, quand les circonstances y portent naturellement, comme aujourd'hui.

***

Je ne savais pas, moi, hélas ! et j'ai attendu le ruban rouge encore pendant cinq années.

N'importe : les paroles de l'Empereur me sont chères, et ce n'est vraiment pas sans quelque orgueil que j'en conserve le respectueux souvenir.

XI

St-Jean-de-Luz, 2 janvier 1864.

. . . .
. . . .
. . . .

*

On dit, en langage vulgaire, que tout condamné a vingt-quatre heures pour maudire ses juges. C'est à peine, dans le monde éclairé où nous vivons, s'il doit employer cinq minutes à les plaindre, quand il est hors de doute qu'ils ont agi sous une pression exclusive, de l'entier libre arbitre.

« Donnez-moi deux lignes de l'écriture d'un homme, et je me charge de le faire pendre. »

Vous connaissez cette proposition peu rassurante de Laubardemont.

« Si l'on m'accusait d'avoir dérobé les tours de Notre-Dame, je commencerais par prendre la fuite. »

Vous connaissez de même ce mot de Montesquieu.

Moi, je dis :

« Au cas où il plairait à quelqu'un de m'inculper d'avoir tenté, avec circonstance aggravante d'escalade, de dérober les clefs du Paradis, je ne serais point du tout rassuré sur les suites du procès. »

***

Non pas que je manque aucunement de confiance dans l'équité de la justice ; mais les juges sont des hommes, des hommes animés de passions comme nous autres, et la robe respectable qu'ils portent ne les protége point toujours contre les entraînements ou les terribles inspirations de l'erreur.

Ils sont trompés quelquefois par leur propre esprit, quelquefois par de faux témoignages, quelquefois par des raisonnements spécieux qu'ils prennent pour la vérité. Lorsqu'ils s'égarent, ne les maudissons pas, encore un coup; mais plaignons-les de tout notre cœur.

***

J'ai éprouvé, étant juré, combien il est malaisé d'être rigoureusement équitable, et combien il est facile de pétrir à sa guise la conscience des plus honnêtes gens.

Un jour, nous avions à nous prononcer sur la culpabilité d'un pauvre petit berger âgé de 16 ans et quelques mois, accusé d'attentat à la pudeur. Le fait étant avoué, l'avocat s'était borné à réclamer en faveur de son client le bénéfice des circonstances atténuantes, et à grand'peine osait-il espérer qu'il les obtiendrait. Entrés dans la salle des délibérations, dix jurés sur douze se prononcèrent pour la condamnation. Cela ne faisait point mon affaire. Je pris la parole, et, dans une allocution de dix minutes, je démontrai que le crime reproché à l'accusé constituait tout au plus un délit justiciable de la police correctionnelle; que le pauvre enfant, orphelin de père et de mère, dépourvu des bons conseils et des salutaires exemples de la famille, avait agi sans discernement; que les deux ou trois mois de prison préventive qu'il avait subis pouvaient être considérés comme une répression suffisante. Puis nous votâmes au scrutin secret : au dépouillement des bulletins il y avait douze *non* : l'accusé était acquitté à l'unanimité !

Plusieurs fois j'ai renouvelé l'épreuve : elle n'a jamais manqué de réussir.

...

Généralement la preuve testimoniale est considérée comme la plus solide et la meilleure de toutes. Or, on cite des faits démontrant qu'il ne faut pas s'y fier absolument. Cette preuve-là, effectivement, a causé plus d'une erreur judiciaire.

Voici, en tout cas, un exemple établissant qu'il serait dangereux d'y avoir une foi trop robuste.

Il y a quelque dix-sept ans, mon père arrive

de la campagne et vient sonner chez moi. Ne recevant pas de réponse, il s'adresse au concierge, qui lui répond « que je suis sorti tout-à-l'heure. » Il se dirige sur la place Graslin, où il avise un de ses amis et des miens. — « Avez-vous vu mon fils? demande-t-il. — Je l'ai aperçu à l'instant, lui fut-il répondu. » Pensant que je puis être entré au théâtre, il interroge le directeur, qu'il rencontre sous le pérystile, et qui lui dit sans hésitation : — « Je viens d'accompagner votre fils à son fauteuil. »

Était-ce assez précis comme cela? Tout ne concordait-il pas assez pour établir que j'étais à Nantes? Eh bien, la vérité, c'est que j'avais passé la journée toute entière à Vertou, chez le général de Bréa, et que les trois personnes qui prétendaient m'avoir, l'une *vu*, l'autre *aperçu*, la troisième *accompagné*, s'étaient trompées.

Mais si un crime m'avait été attribué, ces trois témoignages réunis et si concordants n'auraient-ils pas suffi à établir que l'alibi dont je me fusse certainement prévalu n'était qu'un mensonge?

Et si, au lieu de pouvoir appeler à mon aide la parole d'un brave général, la discrétion m'eût empêché de dire où et comment j'avais employé ma journée, ma condamnation n'eût-elle pas été certaine?

J'ai tremblé bien souvent rien qu'à ce souvenir.

...

La dernière fois que je vis l'infortuné général de Bréa, c'est le 22 juin 1848. Malgré une différence notable d'âge, nous étions fort liés. Ami très-dévoué de mon père, il m'avait vu naître pour ainsi dire et me portait une affection que je lui rendais largement.

Le matin de ce jour, j'étais allé avec Grootaers, le statuaire, féliciter Battaille, qui avait débuté, la veille, très-brillamment dans la *Fille du Régiment*, asseyant du premier coup sa réputation d'habile comédien et de chanteur accompli. Battaille nous retint tous deux à déjeuner, et, tandis que nous devisions joyeusement en fumant un cigare, on vint nous avertir que l'émeute commençait à rugir dans la rue et que des barricades étaient construites déjà sur les Boulevards. Nous voulumes savoir par nous-mêmes de quoi il retournait au juste ; nous sortîmes en

hâte, voyant les boutiques se fermer, les gardes
nationaux courir à leurs lieux de rassemblement,
et tout le monde anxieux et préoccupé comme à
l'approche de quelque terrible catastrophe. En
remontant le Boulevard, nous arrivâmes tout
près de la porte Saint-Denis, où s'élevait une
immense barricade formée d'omnibus renversés,
de pavés accumulés, de débris de toute sorte ;
des femmes et des enfants travaillaient à la compléter et à la rendre plus formidable, tandis que
des hommes armés de fusils, de sabres et de
poignards se préparaient à la défendre vigoureu-
sement.

Nous nous approchâmes de ces hommes, et
j'interrogeai l'un d'eux, un grand diable taillé en
hercule, en bras de chemise, la tête couverte
d'un foulard, et portant dans un mouchoir noué
à sa ceinture une énorme quantité de car-
touches.

— Pourquoi vous battez-vous ?

— Pour faire comme vous, répondit-il d'un
air moitié badin, moitié farouche : nous promener et avoir de l'argent dans notre poche.

J'avoue que je ne trouvai rien à objecter à des
raisons si décisives.

Au moment même où ces mots étaient prononcés, un personnage, qu'on me dit être Caussidière, celui qui, étant préfet de police, prétendait faire de l'ordre avec du désordre, survint, fit une distribution de pièces de cinq francs aux défenseurs de la barricade, puis s'éloigna.

Il n'avait pas plutôt disparu qu'un roulement de tambour résonna et des balles sifflèrent à nos oreilles. La barricade était attaquée à revers et nous subissions la fusillade, nous curieux inoffensifs, aussi bien que les insurgés eux-mêmes. La situation n'était guère réjouissante, et nous y échappâmes en nous sauvant à toutes jambes, et en gagnant la rue d'Hauteville.

Quand le calme se fut rétabli, la barricade étant enlevée, nous revînmes sur le Boulevard, et nous rencontrâmes le général de Bréa devant l'hôtel des Capucines, aujourd'hui disparu, juste à l'endroit où, en tirant un coup de pistolet habile ou perfide, Charles Lagrange avait déterminé, quelques mois auparavant, l'explosion de Février.

Le général était en compagnie de l'un de mes oncles, le major Louis Merson, rédacteur du *Moniteur de l'Armée*. Nous lui racontâmes ce que nous venions de voir, et nous supputions ensemble les chances de l'insurrection, lorsqu'une colonne de troupes déboucha, commandée par le général de Lamoricière. Le général de Bréa se précipita au-devant de son frère d'armes, et le pria, en lui donnant son adresse, de le mettre à la disposition du ministre de la guerre.

Nous nous séparâmes alors, lui pour aller attendre les ordres du général Cavaignac ; nous pour nous mêler obscurément, comme volontaires, aux défenseurs de l'ordre.

A quatre jours de là on m'annonçait la mort de mon pauvre et noble ami, dont je retrouvai, après plusieurs heures de recherches dans les hôpitaux et les ambulances, le corps inanimé, odieusement troué de balles et labouré de coups de bayonnettes, sur la dalle du Panthéon. A son côté était le cadavre du capitaine de Mangin, qui l'avait accompagné en qualité d'aide-de-camp.

Excellemment bon, d'un esprit élevé, d'un cœur rare, le général de Bréa avait une nature généreuse et chevaleresque. Brave jusqu'à la témérité, à l'excès crédule en la foi d'autrui, ce sont les défauts de ses qualités qui ont causé sa mort ; mais le guet-apens où il a succombé n'en pèse pas moins lourdement sur la révolution :

épisode sanglant et terrible, que des méchants ont voulu expliquer, innocenter peut-être ; trait caractéristique d'une époque odieuse, dont on oublie trop volontiers les dures leçons et les grands enseignements.

Grootaers et moi nous nous sommes occupés de faire embaumer les restes mortels du général, dont, à quelques jours de là, j'accompagnais, pieusement désolé, la dépouille mortelle jusqu'à Nantes.

***

Quelques jours avant ces sinistres événements, je m'étais laissé conduire par M. Crespel de la Touche, représentant du Morbihan, chez M. l'abbé de Genoude, directeur de la *Gazette de France.*

Pendant longtemps j'avais combattu, après mon père, la politique de ce publiciste, que je considérais comme dépourvu de sens et très-dangereux. Sans y avoir de répugnance personnelle, et bien au contraire, je me souciais peu de me trouver, chez lui, en rapport avec lui. Il me semblait qu'en prenant l'initiative d'un rapprochement, j'eusse fait amende honorable, et je ne le voulais pas. Cependant les instances furent si vives, et M. de Genoude mit tant de bonne grâce à prendre les devants d'une réconciliation, que je me rendis, moitié boudeur, moitié satisfait, rue du Doyenné, où étaient alors les bureaux de la *Gazette*.

Aussitôt que je lui fus annoncé, M. de Genoude vint au-devant de moi, me tendit la main, et me fit le plus affectueux accueil. Je répondis mal à ces avances très-marquées, et l'abbé-journaliste dut être peu content de moi. Je fus poli ; mais c'est tout.

— Eh bien ! monsieur, me dit M. de Genoude, vous voyez que ma politique était la meilleure. Désormais la Restauration est faite : dans quinze jours le comte de Chambord rentrera à Paris, comme roi de France.

Ces paroles me causèrent quelque chose de plus que de la surprise, et je craignis de ne les avoir pas bien comprises.

— Comment, dans quinze jours ! m'écriai-je d'un air d'étonnement et de défiance.

— Oui, dans quinze jours au plus tard. Préparez-vous-y.

Lorsqu'au bout de quelques minutes de conversation je me retirai, cette prophétie bizarre résonnait dans ma cervelle sans pouvoir s'y fixer. Je me demandais si des combinaisons inconnues pouvaient déterminer le miracle politique qui m'était annoncé, — ou si tout simplement j'avais conversé avec un illuminé.

L'événement a démontré que la seconde portion de la proposition était seule raisonnable.

Cependant l'abbé de Genoude n'en était pas moins un esprit distingué, un journaliste plein de ressources, un écrivain habile. Seulement il avoit enfourché un système, et sa tête s'en troublait à ce point que, le plus souvent, il voyait faux et jugeait les choses sans tenir compte de la réalité actuelle ou possible. C'est ce qui l'empêchait d'être complet, et lui enlevait toute l'auto_ rité qu'il ambitionnait tant d'exercer en dehors de la petite Église où il était considéré comme un infaillible pontife, presque adoré comme un dieu.

...

Vers la même époque je me suis trouvé en relations avec M. Emile de Girardin. Plus tard je vous parlerai de cet autre journaliste, si fort sur le paradoxe et si enraciné dans le culte du sophisme.

⁎

Mais c'est assez sur ces sujets étrangers. Au lieu de nous y étendre, continuons, n'est-ce pas? tranquillement notre voyage.

⁎

Je suis presque en Espagne, c'est-à-dire sur l'extrême frontière. *Como lo pasa usted, senor cavallero?* Il n'y a plus de Pyrénées. Le fait est que depuis huit jours je les cherche, ces montagnes altières, sans pouvoir les découvrir derrière le rideau de nuages qui les dérobe à mon regard impatient. Est-ce qu'elles auraient pris au sérieux le mot figuré employé à leur égard par le Roi-Soleil, et se seraient-elles affaissées d'elles-mêmes pour laisser le libre-échange s'exercer plus facilement entre les deux pays et faire pièce aux fraudeurs?

***

L'origine de Saint-Jean-de-Luz est inconnue ; on ignore même la véritable étymologie de son nom. Luz vient-il du mot latin *lux*, lumière, ou du mot basque *lohitzun* (lohitz, loys et luz), signifiant marais? Qui le saura jamais?

***

Autrefois cette bourgade fut une ville importante et un port considérable. La ville a presque entièrement disparu; le port s'est comblé. Ce dernier phénomène explique l'autre.

Au XVIIe siècle, pas plus tard que cela, la population de Saint-Jean-de-Luz dépassait 12,000 habitants. Telle était sa prospérité, que, en 1625, des lettres patentes de Louis XIII ordonnèrent au bayle (maire) de construire et d'équiper quatre vaisseaux pour la protection de son commerce en Terre-Neuve et la sûreté des côtes. Quand l'île de Ré, bloquée par la flotte anglaise et assaillie par le corps de débarquement du duc de Buckingham, fut sur le point de se rendre,

Saint-Jean-de-Luz, répondant à l'appel de Richelieu, arma quinze pinasses en guerre, chargea de vivres et de munitions vingt-six flûtes, et organisa une flottille imposante. Tous ces sacrifices eurent plus tard leur récompense. Sous Henri IV, on commença la construction du port et bassin du Sucoa, qui devait contenir quarante ou cinquante navires. Louis XIII fit don à la ville, en 1628, de 20,000 livres par an pendant vingt ans. En 1638, deux ans après l'incendie et la ruine que les Espagnols y apportèrent, un édit royal interdit à ses créanciers l'exercice de leurs droits pendant un certain laps de temps. En 1640, Richelieu fit commencer la construction du fort Sucoa, destiné à protéger la rade et le port ; et, bien qu'il s'efforçât incessamment de tout ramener dans l'Etat à cette unité qui fut le but et la gloire de sa politique, il respecta toujours les priviléges et immunités dont les St-Jean-de-Luziens avaient joui avant lui.

Le 28 juillet 1659, Mazarin arriva à Saint-Jean-de-Luz avec 150 gentilhommes et autant de gens de service et de suite, une garde de 100 chevaux et de 300 fantassins, 24 mulets couverts de riches housses brodées de soie, 7 carosses pour sa personne et quantité de chevaux de main.

Il venait négocier, à la frontière pyrénéenne, un traité de paix avec Louis de Haro, premier ministre de Philippe IV. Pour que les approvisionnements et les vivres ne montassent pas à un prix trop élevé, un tarif moyen fut fixé. Cette taxe officielle, « publiée par le prosne de l'église et affichée au-devant la porte de l'hostel de monseigneur le cardinal, contenait les prix suivants : 4 sols la livre de bœuf, 14 sols la paire de poulets, 2 sols le pain blanc d'une livre quatre onces. » Les négociations qui illustrèrent l'île de la Conférence ou des Faisans, durèrent quatre mois. Enfin, le 7 novembre, fut signé le traité des Pyrénées, qui répandit dans les deux royaumes la joie la plus sincère et la plus vive. En vertu de l'article 4 de ce traité, Louis XIV devait épouser l'infante Marie-Thérèse. Ce mariage fut célébré à Saint-Jean-de-Luz le 9 juin 1680. Le jeune roi était arrivé dans cette ville le 8 du mois précédent, avec la reine Anne d'Autriche, la grande Mademoiselle et les princesses, son frère Philippe, le cardinal Mazarin et une suite nombreuse ; il s'était logé dans le château de Lohobiague, dont les élégantes tourelles se dressent encore sur la place, et qui depuis s'est appelé la Maison Louis XIV. Anne d'Autriche occupait le château de Joannot de Haranader, où l'infante descendit plus tard, et qui a conservé son nom.

Les curieux trouveront dans les *Mémoires* de Mme de Motteville et dans les *Lettres* de Montreuil d'intéressants détails sur la cérémonie du mariage, l'ordre et la marche du cortége, les toilettes et la tenue des époux, l'ornementation de l'église. Je rappelle seulement que les magistrats de la ville ordonnèrent, après la conclusion de la cérémonie, que la porte par laquelle les augustes fiancés avaient pénétré dans l'église fût murée et condamnée, et ne servît plus à personne. A cette porte murée s'adosse aujourd'hui l'échoppe d'un menuisier. Outre les présents particuliers laissssés à chacun des hôtes des maisons Lohobiague et Joanoëia, et qu'on voyait encore dernièrement briller dans leur trésor de famille, Louis XIV fit don à l'église d'un assortiment complet de vases et ornements sacrés d'un beau travail, connus sous le nom de *chapelles*. Monsieur et Mademoiselle l'enrichirent à leur tour de divers tableaux de maîtres, dont un seul, portant la signature de Restout, est parvenu jusqu'à nous. Il orne une des chapelles latérales de la basilique.

C'est, du reste, sous le règne de Louis XIV que Saint-Jean-de-Luz atteignit l'apogée de sa prospérité. Sans compter les navires employés au grand et au petit cabotage, elle armait, avec Ciboure, sa voisine, quatre-vingts bâtiments de haut bord, montés par trois mille marins, pour la pêche de la baleine et celle de la morue. Mais l'heure de sa décadence approchait, et cette décadence, qui procède de plusieurs causes, fut si rapide et est devenue si complète, que le bourg compte à peine aujourd'hui 2,500 habitants, et que c'est tout au plus si l'on voit errer tristement dans le port deux ou trois maigres barques de pêcheurs.

Ainsi va le monde : à un excès de prospérité succède presque toujours un excès de détresse.

Cependant tout se réparera peut-être. L'Empereur, qui a visité plusieurs fois Saint-Jean-de-Luz, veut lui rendre son ancienne importance, et l'on m'a développé obligeamment les splendides projets élaborés dans ce but, sur l'ordre exprès du Souverain.

La mer est ici superbe. Que voulez-vous? je la trouve moins belle que l'Océan breton. Elle roule incessamment des lames prodigieuses : je n'en disconviens pas ;' mais je préfère de beaucoup le clapotis plus calme et moins solennel de nos côtes.

C'est de la prévention et de la faiblesse. Vous avez raison. Mais de quoi sont donc pétris, s'il vous plaît, notre esprit et notre cœur?

XII

Orthez, 3 janvier 1864.

Après avoir fait une pointe rapide sur la frontière espagnole, rien que pour flairer l'atmosphère du Guipuscoa, je suis revenu en France, et j'en suis bien aise.

Me voici à Orthez, ville pittoresque et pleine de couleur, que je regrette de ne pas visiter en détails, mais d'où je ne veux pas manquer de vous écrire pour vous aviser du changement de mon itinéraire. Demain je serai à Pau; deux jours après à Tarbes; puis, si les Pyrénées continuent de se dérober à mes regards impatients, j'irai les chercher à Bagnères-de-Bigorre. Après cela, nous verrons.

Mais, puisqu'il fait froid et que la nuit me confine dans une triste chambre d'auberge, je ne sais rien de mieux que d'interroger ma mémoire pour y puiser quelques souvenirs.

...

Dans une de mes lettres précédentes je vous ai parlé de M. Berryer. C'est à la prison de Nantes que j'ai commencé à connaître l'illustre orateur. On était en juin 1832, et cette prison regorgeait des légitimistes que le mouvement insurrectionnel de la Vendée y avait conduits.

Mon père avait précédé là tous ses amis; il devait les voir partir tous avant lui.

Encore un des bénéfices les plus clairs du journalisme.

...

En vérité, les écrivains de l'opposition sont sur un lit de roses, si l'on compare le régime d'aujourd'hui à celui d'autrefois. Aujourd'hui le communiqué, l'avertissement et la suspension temporaire constituent toute la pénalité qui atteint la presse ; autrefois c'était l'amende, la détention et souvent bien plus encore.

Savez-vous ce qu'il en coûta à mon père, en dix-sept mois de journalisme, pour avoir cru à la liberté de la presse?

Comptez bien :

Quarante mois d'emprisonnement;

Trente mille francs d'amende;

Les scellés mis sur ses presses;

Son journal supprimé;

Sa maison saccagée;

L'émeute assiégeant sa demeure durant trois jours et trois nuits;

Son fils aîné arraché à cette émeute affolée, et succombant, loin du foyer de la famille, sans avoir reçu le baiser paternel, arrêté au passage par d'impitoyables verroux.

Voilà, en toute sincérité, la récolte que mon père a faite dans le champ de la presse, de janvier 1831 à mai 1832.

Aussi, lorsque je vois certains écrivains trouver la législation actuelle lourde et oppressive, je n'ai qu'à me rappeler le passé pour déclarer leur appréciation ingrate et leurs plaintes injustes.

...

Lorsqu'on est venu annoncer à mon père la mort terrible de son fils aîné, j'ai cru que, dans l'excès de sa douleur, il allait briser les barreaux épais de sa fenêtre. Il me semblait voir un lion dans sa cage, s'agiter et rugir au spectacle de ses petits emportés furtivement par une main ennemie. Tous les geôliers demeuraient stupéfaits devant lui. Mais, à la parole du Père André, un exilé de la Trappe de Meilleraie, il s'apaisa tout-à-coup, et, se jetant à genoux devant l'image adorée de l'enfant ravi à sa tendresse, image tracée par lui-même, sur le mur blanchi de la prison, il se mit à fondre en larmes et à prier le bon Dieu. Consolation suprême pour l'esprit malade comme pour l'âme meurtrie ; recours unique pour l'homme qu'a frappé l'aîle impitoyable du destin. J'étais là, avec Olivier, mon jeune frère, tous les deux attérés par cette infortune immense, mais tous les deux débordés bientôt par nos propres sanglots. Ma mère, courageuse comme la femme de l'Evangile, arriva à son tour, après avoir fermé, d'une main désolée, les yeux de l'aîné de ses entrailles, et un embrassement mêlé de pleurs amers mêla pendant longtemps notre cruel désespoir.

Pourquoi rappeler ces choses? Pourquoi? Parce que je les ai toujours présentes à la pensée, et que leur souvenir m'a souvent aidé à supporter les tristesses de la vie et à modérer quelquefois les élans exagérés d'un bonheur éphémère.

...

Cependant j'aime à constater que si mon père épuisa en prison toutes les condamnations prononcées contre lui, ce ne fut pas la faute de M. Edmond Blanc, son ami intime et dévoué, alors secrétaire général du ministère de l'Intérieur, qui, plusieurs fois, lui offrit sa liberté sans condition. Chaque tentative faite dans ce sens trouva le prisonnier ferme et inflexible.

« Si le pouvoir, écrivait-il un jour, avait résolu de proclamer une amnistie, je lui demanderais comme unique faveur de m'en excepter. Je ne veux lui vouloir jamais que cette reconnaissance. »

...

A peine entré en prison et mis au secret, M. Berryer vit un homme pénétrer dans sa chambre et lui tendre la main. C'était mon père, qui avait pris ses mesures pour voir les prisonniers aussitôt leur arrivée, en dépit de la surveillance des gardiens. Combien de papiers compromettants ont ainsi disparu! combien de têtes peut-être ont été sauvées!

M. Berryer était venu dans l'Ouest pour déconseiller le mouvement armé, dont mon père ne voulait pas non plus.

— On nous croit forts et nombreux, disait-il; ne montrons pas, par une levée de boucliers dont l'issue désastreuse est certaine, que nous sommes faibles, et que si notre armée a des chefs, elle manque absolument de soldats. Nous tiendrons le pouvoir en échec tant que nous lui serons redoutables; il rira de nous dès qu'il aura des motifs pour ne plus nous craindre.

Il avait raison, et M. Berryer tenait, de son côté, un langage analogue. Mais d'autres conseils prévalurent : la duchesse de Berry fut appelée dans l'Ouest; les Vendéens firent sur quelques points des tentatives héroïques, mais folles, et .. vous savez le reste. Toutefois il est certains épisodes que vous ignorez; si l'occasion s'en pré-

sente, l'un de ces jours, je vous les ferai connaître.

Toujours est-il que la maison d'arrêt de Nantes
s'emplit rapidement, et que pour un temps nous
eûmes de nombreux compagnons. A cette époque je couchais en prison, pour veiller mon père
souffrant ; tous les matins je sortais, et comme
on ne se défiait guère d'un petit enfant inoffen-
sif et à l'air très-candide, j'emportais au dehors
des correspondances volumineuses et parfois fort
graves. Le soir, je rentrais avec des lettres qu'on
centralisait chez ma mère, pour les faire parvenir sûrement aux prisonniers. Ce manége n'a
jamais été connu de ceux qui auraient eu intérêt
à le déjouer, tant il fut pratiqué avec discrétion.

Du reste, la discipline intérieure de la prison
était peu sévère — pas beaucoup plus que celle
d'une hôtellerie d'où l'on ne pourrait sortir. Et
encore y eut-il quelques évasions très-aisément
exécutées — celles par exemple de M. Guibourg
et de M. de Puysieux, le premier qui se fit reprendre plus tard dans la cachette de la duchesse
de Berry ; le second qui alla se faire tuer, à
quelque temps de là, au service de don Miguel.

En 1815, M. Berryer avait eu le bonheur de sauver la tête du général Cambronne, traduit devant un conseil de guerre pour crime de fidélité à l'Empereur. En 1832, le général Cambronne omit de venir visiter M. Berryer, prisonnier pour crime de fidélité à la Royauté. Était-ce oubli de sa part? Il est difficile de l'admettre. Mais il répugne de croire que ce fut crainte ou calcul. Le héros du fameux mot de Waterloo était, il est vrai, bien déchu, à cette époque, de son ancienne gloire. Son livre de dépenses, tout chargé de dessins ridicules à force d'être puérils, en est la triste démonstration. Ce livre, très-curieux d'ailleurs, se trouve dans la possession de mon excellent ami le baron de Girardot, qui en détachera certainement, l'un de ces jours prochains, quelques feuillets pour en faire la joie et l'honneur de l'*Autographe*.

Mais si le général Cambronne s'abstint, tout le monde ne l'imita pas, Dieu merci! et le salon de réception de l'hôtel Lafayette était constamment rempli, de midi à trois heures, par une foule de visiteurs distingués, filles, femmes, mères, fils, pères, frères ou amis des prisonniers. Ce salon était très-vaste, mais peu brillant; ses principaux ornements consistaient en images d'Epinal représentant Geneviève de Brabant, le Juif-Errant, etc., clouées dans la muraille; comme il servait de dortoir, la nuit, il était garni de quatre grands lits avec couvertures de laine d'un vert écœurant; quelques chaises de paille et trois ou quatre bancs de bois crasseux complétaient l'ameublement. Le luxe était absent; mais on ne s'en montrait pas moins gai; surtout l'on avait d'autant plus de reconnaissance à qui venait là distraire les détenus de leurs préoccupations ou de leurs inquiétudes.

La plupart des prisonniers conservèrent toujours leur fermeté et leur courage. Quelques-uns pourtant se désespéraient tout le long du jour et déploraient tout haut leur sort. Même j'en ai vu plusieurs verser des larmes lâches et désolées, comme si un cœur d'homme avait cessé de battre dans leurs poitrines.

Mlle Stylitte de Kersabiec, prisonnière aussi après la capture de la duchesse de Berry, montrait, elle, un calme, une présence d'esprit, une énergie, une force d'âme, une virilité de cœur, qui eussent dû faire rougir plus d'un pusillanime.

Chaque soir on se réunissait dans la salle à manger de la geôle, pour prendre du punch, accompagné de gâteaux et de friandises. On buvait tout haut, et devant le gardien chef, à la chûte du trône de Juillet et à la santé d'Henri V. C'est en prison qu'on avait, à cette époque, le plus de liberté. Cependant le bruit de dedans finit par avoir son écho au dehors, et des ordres arrivèrent pour interdire aux prisonniers toute manifestation politique. Toutefois, comme on continuait à prendre du punch, il fallait bien trouver un moyen de porter des toasts sans effaroucher les guichetiers, contraints de faire respecter leur consigne. Je trouvai, moi bambin de douze ans, une formule qui rallia tous les esprits et tous les cœurs.

— A la santé de celui qui nous manque ! m'écriai-je un soir, par une allusion facile à saisir, mais difficile à incriminer.

On acclama cette parole ; je crois même qu'on me porta un peu en triomphe ; en tout cas, on ne but plus qu'ainsi à Henri V dans la prison de Nantes.

— Nous autres hommes, disait M. Berryer à mon père, énorgueilli de mon petit succès, nous cherchons vainement l'esprit, tandis qu'il vient tout seul aux enfants.

...

Lorsque chaque prisonnier eut offert sa soirée de punch, on éprouva le besoin de recourir à un expédient pour prolonger une série de réunions intimes qui aidaient beaucoup à maintenir la gaîté et le courage parmi tous ces hommes destinés à comparaître, d'un jour à l'autre, soit devant la cour d'assises, soit même devant le conseil de guerre.

Cet expédient, ce fut M. Berryer qui le trouva. Il institua un tribunal présidé par lui, devant lequel étaient appelés, à tour de rôle, pour des délits imaginaires, ceux des prisonniers que le hasard ou le caprice avait désignés à la rigueur des lois. Mon père et M. Clémenceau étaient juges assesseurs, et M. Guibourg remplissait les fonctions de procureur général. M. Bernier de Maligny était généralement nommé avocat d'office. M. La Roche, ancien officier de gendarmerie, commandait la force publique. Le tribunal siégeait gravement sur l'unique banc du préau consacré aux prisonniers de la pistole, et l'affaire s'expédiait conformément aux usages mêmes du palais. Seulement, reconnu coupable ou non, l'accusé était toujours condamné, soit à un punch entier, soit à un demi-punch. Je me souviens d'un jugement ainsi libellé :

« Attendu que les faits ne sont pas prouvés;

» Attendu que le prévenu est innocent du délit qui lui est imputé;

» Mais attendu que le tribunal a soif;

» Condamne, etc. »

Si vous saviez quelle hilarité accueillait ces folies, et comme, au milieu des inquiétudes dont chacun était assiégé, on passait avec elles d'heureux moments !

...

Alors la chapelle de la prison était fermée. Chaque dimanche, on se réunissait dans la plus grande chambre de la pistole, et M. Berryer lisait la messe. L'illustre orateur lit comme il parle. Il s'était tû qu'on l'écoutait encore.

Cependant parmi les prisonniers on comptait quatre ecclésiastiques : l'abbé Pineau, un habile diplomate qui eût vendu de la finesse à M. de Talleyrand ; le curé Louvel, esprit méridional, c'est-à-dire très-ardent, mais plein d'un rare

bon sens ; l'abbé Baudet, un prêtre assez vulgaire ; enfin l'abbé Biré, un homme du meilleur
monde, portant d'une âme haute la dignité du
sacerdoce.

Aucun de ces quatre ministres de Dieu n'eût
pu lire les prières pieuses avec l'accent supérieur
et l'onction inspirée qu'y mettait le maître de la
tribune.

***

Au nombre des prisonniers figuraient, en
outre de ceux que j'ai déjà nommés : MM. Joseph Bascher, un caractère droit, ferme et loyal ;
de Puylaroque, un parfait gentilhomme venu de
Toulouse prendre part au soulèvement vendéen ;
le comte de Retz, un aventurier de Marie-Ga-
lante, dont le rôle n'a jamais été clairement
défini ; le vicomte de Kersabiec, père de la com-
pagne fidèle de la duchesse de Berry ; du Guiny,
de Nacquart, Guignard, Le Lieurre de l'Aubé-
pin, de la Pinière, Arthur et Amédée Maublanc,
de Landemont, Guilloré, Dubois de la Patellière,
du Fretay, de la Barbelais, de la Serrie, du
Doré, de la Robrie, de Fleuriot, Espivent, etc.

...

En quittant la prison de Nantes pour aller se faire juger et acquitter à Blois, M. Berryer m'offrit sa canne, une canne qu'il avait longtemps portée et qu'il avait fait réduire à ma taille. C'était un présent dont je ne sentis pas tout de suite l'importance, mais qui me sembla plus tard fort considérable. Malheureusement j'ai perdu ce morceau d'ébène, qui serait aujourd'hui pour moi un souvenir précieux.

...

Je n'ai entendu qu'une fois le grand orateur à la tribune; mais jusqu'à 1852 j'ai conservé avec lui des relations que son amitié pour mon père rendaient faciles, confiantes et affectueuses. Le jour où je le vis à la Chambre, c'était en avril 1835; il parlait dans la question des 25 millions réclamés comme indemnité par les Etats-Unis. Son discours, bourré de chiffres et de faits, dura plusieurs heures, pendant lesquelles il tint les députés et les auditeurs des tribunes suspendus à ses lèvres. Il eut un succès prodigieux ; mais, si injuste qu'on la connût, l'indemnité n'en fut pas moins votée, tant on avait peur de la guerre, à cette époque. Le lendemain matin, comme nous allions le féliciter, je me rappelle avoir entendu le duc de Clermont-Tonnerre lui dire : « Mon ami, pour huit jours vous voilà roi de Paris. » Le fait est que je n'ai jamais vu de popularité plus grande que la sienne à ce moment.

A présent qu'il s'est aventuré, peut-être malgré lui, dans une opposition infiniment moins nationale, M. Berryer doit regretter avec quelque amertume ces glorieuses années où son incomparable éloquence défendait fièrement les grands intérêts de la France, au lieu de les méconnaître.

XIII

Pau, le 4 janvier 1864.

Vous l'avez, ce matin, mon cher, échappé belle.

Le fait est que, lassé de vous écrire en vile
prose, j'ai comploté, toute la nuit, de vous parler
désormais le langage des dieux. Heureusement
j'ai renoncé bien vite à ce joli projet. La pensée
m'arrivait bien sans doute; mais la rime s'obs-
tinait à me fuir, et je n'ai guère le loisir de la
chercher.

Hélas, oui, de temps en temps je courtise les
Muses; mais là franchement je ne suis pas payé
de mes peines. Vous verrez cela, quelque jour,
si je me décide à grouper, en un ou deux vo-
lumes, les vers de toutes tailles que j'ai commis,

et dont les pièces éparses courent présentement le monde sous le maroquin chagriné des keepseakes ou sur le vélin des albums.

J'étais dans la fleur de ma vingtième année lorsque j'ai commencé, et ça été bien malgré moi, je vous jure.

Voici l'histoire :

Il était une fois une syrène belle, jeune et jouant du piano comme Doehler, Chopin ou Prudent — un de mes bons amis disparu récemment dans la mort. Cette beauté avait un salon très-suivi et où j'allais quelquefois.

Un soir que nous étions une trentaine chez elle, les uns faisant de la musique, les autres se bornant à écouter la mélodie, elle me demanda à brûle-pourpoint des vers de ma façon. Je n'avais jamais rêvé à l'hémistiche, et si je connaissais par cœur les préceptes de Boileau je me sentais tout-à-fait incapable de les mettre en pratique. Or, je rougis beaucoup et me défendis de mon mieux. Mais elle, me présentant son portrait lithographié, me mit carrément en demeure d'y inscrire « au moins un alexandrin.» J'étais dans un furieux embarras; une sueur froide perlait mon front; j'apercevais autour de moi des visages railleurs et me voyais déjà en butte aux sarcasmes de tous. Alors je pris mon courage à deux mains, et j'écrivis ceci au bas de l'estampe, sans me bien rendre compte de ce que je faisais :

De Vénus la rivale et d'Apollon la sœur.

Le madrigal était court, du moins, et il eut du succès. On y applaudit à l'unanimité, en me baptisant tout d'un coup poëte.

Poëte malgré lui, je ne dis pas ; mais autrement, c'est-à-dire poëte d'inspiration, ah ! non.

Cependant, le lendemain, pour ne pas être pris à l'improviste une autre fois, je m'occupai à mettre en ligne des vers de toutes dimensions, grands et petits, élégiaques ou badins, que je donnai plus tard très-bravement comme le fruit d'improvisations soudaines.

Et voilà...

Je confie ce secret à vous seul, assuré que vous ne me jouerez pas le méchant tour de le divulguer.

...

Toujours pas de Pyrénées. Sûrement elles ont cessé d'être. On me montre bien, dans le lointain, des masses argentées perdues parmi les nuages ; mais ce ne sont pas là des montagnes.

Heureusement que, pour me dédommager d'une déception dont le terme ne viendra jamais peut-être, j'ai à mes pieds le Gave, un torrent qui roule tumultueusement, au fond d'une vallée charmante, des cailloux en même temps que des flots ; — en face, le côteau pittoresque de Jurançon, dont les vignes fécondes ont abreuvé le Vert-Galant ; — en profil, quelques petits contreforts sur lesquels sont plantées, comme des nids d'aigles, de ravissantes demeures.

Quel splendide pays ! Quelle aimable ville ! Quelle population indigène vive, accorte, intelligente !

...

Une seule chose dépare le tableau : c'est la quantité d'Anglais qu'on rencontre. C'est ici que le chant fameux de *Charles VI* est mensonger. L'insulaire règne, sinon en France, du moins à Pau ; et c'est vraiment dommage. Il est vrai que l'Angleterre n'est pas seule à avoir opéré l'invasion du Béarn : est-ce que nous serions encore à l'heureux temps de la coalition européenne ? Toujours est-il qu'à table, tout-à-l'heure, à l'hôtel de France, nous étions deux nationaux contre quarante étrangers. C'était ennuyeux à mourir que d'entendre baragouiner tous les idiômes du monde sans pouvoir jeter un traître mot au milieu d'une conversation digne de Babel. De dépit nous nous sommes enfuis avant le dessert, pour aller promener notre isolement par la ville.

A propos, si vous venez un jour à Pau, et je vous le conseille, demandez qu'on vous serve des palombes rôties. C'est un très-excellent gibier, qu'on ne mange guère que dans les Pyrénées, et qui n'a, je crois, son équivalent nulle part.

***

La ville est montueuse à ce point qu'on la supposerait bâtie uniquement pour des chèvres. Où qu'on aille il faut toujours grimper ou toujours descendre. A la longue, ce doit être fatigant à l'excès ; mais, en passant, c'est fort gai, et je ne m'en saurais beaucoup plaindre, d'autant plus que presque de partout l'on jouit d'un pa-

norama magnifique, — et incomparable sans
doute quand la brume cesse d'envelopper la
montagne. ,

Les rues sont pavées avec un soin extrême,
ainsi que les trottoirs, avec des petits cailloux du
Gâve, pointus et durs aux pieds. Cela est moins
réjouissant, et les bottes des promeneurs pro-
testent.

L'air est d'une pureté parfaite, si pur qu'on
le conseille aux poitrinaires. Les journées d'hiver, quand il fait un peu de soleil, sont tièdes ;
mais les soirées sont, comme les matinées, très-
fraîches.

A bien prendre, le séjour de cette ville me
semble tout-à-fait séduisant, et je ne demanderais pas mieux que de le subir toute ma vie, —
pourvu qu'on le débarrassât un peu de la quantité inouïe d'étrangers qui le gâtent, et que
j'eusse avec moi ceux dont mon cœur est si
plein.

***

La ville de Pau (Paü, en béarnais, Pieu, en
français) tire son nom des trois pieux qui mar-

quèrent d'abord les limites du terrain concédé par la vallée d'Ossau aux premiers princes béarnais, pour la construction, au xe siècle, d'un château destiné à les mettre à l'abri des incursions des Sarrasins d'Espagne. Le château fut bâti sur l'emplacement du pal ou pieu du milieu.

Pau reçut le titre de ville, pour la première fois, dans une patente de Jean d'Albret et de la reine Catherine, donnée le 4 novembre 1250. Les premières armes parlantes de la ville furent accordées, en 1482, par François Phébus; elles portaient : d'argent à trois pals de gueules, avec un paon d'azur perché sur le pal du milieu, faisant la roue et représentant le fier château.

Sur la place Royale s'élève la statue de Henri IV. Vous ne sauriez croire combien tous les gens de ce pays sont fiers d'avoir donné à la France l'un de ses plus grands souverains. Il s'en font un titre d'honneur, et l'on dirait que les veines de chacun d'eux renferme au moins une goutte du sang du Béarnais. Ils ont d'ailleurs un air crâne qui ne leur messied pas, et je note que les hommes du peuple ont ici une allure beaucoup plus dégagée, plus mâle, plus intelligente que chez nous. Dans toutes les circonstances, ils se montrent, du reste, obligeants à plaisir, et se dérangent volontiers de leur chemin pour vous montrer le vôtre.

Sur un bloc de marbre orné de bas-reliefs dus au ciseau distingué de M. Etex, Henri IV est debout, la main droite étendue vers la France, la gauche appuyée sur la garde de son épée.

Comme œuvre de sculpture, la statue est indigne de sa destination et de la grande renommée qu'on a voulu solenniser.

Le monument date de 1842.

***

Sous le règne de Louis XIV, les habitants de Pau avaient sollicité du roi l'autorisation d'élever une statue à la mémoire du chef de la maison de Bourbon. Il leur fut répondu que l'autorisation serait accordée, à condition de consacrer le monument à Louis XIV même, et non pas à Henri IV. Les Béarnais, déçus dans leurs espérances, s'en vengèrent en gravant sur le

piédestal de la statue de Louis XIV ces lignes,
au-dessous de l'inscription latine :

Aci qu'ey l'arréhilh de nouste gran Henric ;
Lou ceü qui l'abé dat aüs besoings de la terre,
La feit lou pays deü bous, deüs méchans l'ennemie;
U Salomon en pats, u bray César en guerre.
Plaisie à Diü qu'a jameï lou marbre et lou métaü
Fassen Bibe pertout sa glory com à Paü.

Ces vers malins se traduisent ainsi :

Voici *le petit-fils* de notre *grand* Henri, accordé
par le ciel aux besoins de la terre; il fut le père des
bons et l'ennemi des méchants; un Salomon en paix
et un César en guerre ; plaise à Dieu qu'à jamais le
marbre et le métal fassent vivre partout sa gloire
comme à Pau !

C'est assez piquant et très-finement tourné.
On retrouve là l'esprit béarnais, caustique, rusé
et fertile en ressources.

...

Le mouvement et la vie sont considérables
ici, et l'on ne saurait se faire idée du nombre

de cavaliers et d'équipages que l'on rencontre aux alentours de la ville, des spectacles et concerts qui se succèdent, des fêtes qui se donnent.

Mais il paraît que tout ce bruit cesse pendant l'été. Chacun s'empresse, juin venant, à s'échapper vers Cauterets, les Eaux-Bonnes ou Biarritz. C'est alors la saison morte, et le pont de Jurançon ne voit plus passer que les laitières des villages voisins, coiffées du capulet de laine blanche bordé de velours noir, ou du mouchoir jeté négligemment sur la tête pour les protéger contre les ardeurs du soleil. C'est sur ce même pont qu'on rencontre aussi la grotesque machine, pompeusement décorée, par antithèse sans doute, du titre de char, traînée par des bœufs habillés de blanc. Ce char, lourd et tranquille, forme un contraste étrange avec les vives allures des habitants; mais il ajoute, par la lenteur de sa marche, au pittoresque du tableau.

La véritable merveille de Pau, c'est son château, le lieu où Jeanne d'Albret mit au jour Henri IV. Je vous en parlerai demain.

XIV

Pau, le 5 janvier 1864.

On n'est pas tout-à-fait d'accord sur l'origine du château de Pau. Mais peu vous importe, je pense, que Gaston Phébus ait construit ce monument ou l'ait restauré seulement; qu'il en soit le fondateur ou l'embellisseur, cela ne nous regarde point, et je me dispense parfaitement d'approfondir la question. Cependant ce me serait une belle occasion de faire étalage de connaissances archéologiques et de prendre un masque de savant; cela me fournirait prétexte à dissertations superbes et favoriserait une excursion précieuse dans un domaine que je n'ai pas exploité, pour ainsi dire, depuis que je suis en voyage. Mais, encore un coup, cela vous intéresserait-il?

...

Le château est situé à l'extrémité occidentale
de la ville, sur une butte soutenue par un talus
de 10 mètres de hauteur, naguère encore pare-
menté en pierres de taille, qui ont fait place à
un gazonnement bien entendu. La base de son
enceinte, de forme irrégulière, a environ 150
mètres de long sur 100 mètres de large. Il est
borné au nord et à l'ouest par le ruisseau le
Hédas, au sud par le canal du Moulin, et à l'est
par un large fossé de 9 mètres de profondeur,
qui le sépare de la ville.

Ce monument, véritable château-fort d'un
style assez rare, est flanqué de cinq tours, dont
quatre protégent les angles : au nord-est, à
droite en entrant dans la cour, la tour *Montaüset*, Monte-Oiseau, à cause de l'absence d'es-
caliers; on assure que cette tour renfermait des
oubliettes; ses murs sont très-épais; elle com-
muniquait par un chemin de ronde à la
deuxième tour, au nord-ouest, appelée *Tour de
Bilhères*, parce qu'elle regarde ce village, où
Henri IV fut mis en nourrice; la troisième, au
sud-ouest, est la *Tour Mazères*, parce qu'elle

est tournée du côté de Mazères, où les souverains de Béarn possédaient un château. Entre ces deux dernières tours, Louis-Philippe en fit bâtir une autre par symétrie, pour simuler une façade de ce côté; loin de rien ajouter à la beauté du château, cette construction en a dénaturé le caractère particulier, l'aspect artistique et le cachet moyen-âge. La quatrième tour est au sud, au bas de l'escarpe extérieure et se nomme *Tour du Moulin* ou de la *Monnaie*, parce que la fabrication de la monnaie béarnaise se faisait dans l'intérieur. La cinquième et dernière tour est placée au sud-est; on la nomme *Donjon* ou *Tour de Gaston*. Elle est de forme quadrangulaire, comme les quatre autres, mais beaucoup plus élevée et plus large; ses murs, faits tout de briques doubles, n'ont pas moins de 2 mètres 80 centimètres d'épaisseur; sa hauteur est d'environ 53 mètres. Aujourd'hui elle est divisée en quatre étages meublés et destinés au grand maréchal du palais. On jouit, du haut de la plateforme crénélée, d'une vue magnifique sur Pau et les environs.

On arrive au château en traversant un pont jeté sur les anciens fossés; la cour d'honneur est de forme irrégulière, comme le château lui-même, plus large à l'est qu'à l'ouest. La partie nord des bâtiments compris entre les tours Montaüset et Bilhères est de Gaston Phébus ; ceux du fond et du midi datent de la Renaissance et furent construits par Henri II d'Albret et sa femme, Marguerite de Valois, *la Marguerite des Marguerites*. C'est là qu'est déployé tout le luxe des sculptures extérieures.

Les constructions qui joignent le donjon à la tour Montaüset, servaient à la chancellerie ; elles datent de Jeanne d'Albret.

Près de l'ancienne chancellerie est un puits qui date incontestablement de la première fondation de la forteresse ; sa profondeur est d'environ 75 mètres, et son diamètre de 3 mètres 50 centimètres : la quantité d'eau qu'il contient est énorme, puisqu'il n'y a que 20 mètres de vide.

...

Ouf ! est-ce assez de détails extérieurs comme cela ?

Non, pas encore.

De grands travaux de réparation, entrepris depuis plus de vingt ans, tendent à restituer à

l'architecture ce beau monument; malheureusement ils n'ont pas été exécutés avec le soin
pieux, le science profonde que M. Duban a ap-
portés à la restauration du château de Blois,
cette merveille d'un autre âge, rétabli par l'habile artiste, aussi patient chercheur que trouveur
heureux, dans sa magnificence première.

A Pau, on ne s'est pas assez inspiré du grand
art, c'est-à-dire de la sincérité architecturale.
On a trop fait — ou trop peu; j'entends : on n'a
pas assez respecté l'œuvre première, dont des
portions essentielles se trouvent supprimées, et à
laquelle on a, avec trop peu de scrupule, ajouté
des motifs nouveaux insuffisamment étudiés et
mal en harmonie avec le style général de l'édifice.

***

Mais entrons, si vous le voulez bien, dans le
château même, pour le visiter.

Après avoir traversé un corps-de-garde de
petites dimensions et un vestibule dont la voûte
à nervures a des retombées garnies de jolis culs
de lampes, on pénètre dans la salle dite « des
officiers de service, » où j'ai remarqué, entre

autres sculptures, deux statues de Henri IV et de Sully. Ces morceaux de pseudo-statuaire sont en carton-pierre. Du carton-pierre dans le pays même du marbre! Amère ironie. Des œuvres de pacotille dans la maison du Béarnais! Triste outrage à une grande mémoire.

Mais passons, s'il vous plait, et entrons dans la Salle à manger d'honneur, ancienne Salle des Etats. Cette pièce, à laquelle on arrive par une porte renaissance ayant servi à une cheminée, n'a pas moins de 26 mètres de longueur sur 11 mètres de largeur, non comprise l'épaisseur du mur extérieur, qui est de 3 mètres, et dans l'intérieur duquel on a pratiqué un chemin de ronde servant autrefois à la défense du château, et qui aujourd'hui facilite le service de l'intérieur en communiquant avec les cuisines et offices, situés sous terre et éclairés, au midi, par des ouvertures pratiquées dans le talus.

Les panneaux de cette vaste salle sont garnis de tapisseries de Flandre faites par ordre de François Ier pour le château de Chambord. Elles se divisent en quatre grandes et six petites; les premières représentent quatre mois de l'année et les autres des sujets de chasse.

Dans le fond de la salle, près de la porte de

sortie, on remarque une belle statue en marbre blanc de Henri IV, armé et couvert du grand manteau royal, la main droite appuyée sur le sceptre et soutenant de la gauche les plis de son manteau ; il est tête nue, et à ses pieds sont éparses les épées de la Ligue toutes brisées. Cette statue, attribuée à Francheville, sculpteur de Louis XIII, a été donnée au château de Pau en 1819 par Louis XVIII. Une statue de marbre, enfin ! Ce n'est pas malheureux.

En quittant cette pièce on se trouve dans le grand escalier d'honneur, qui est la partie la plus remarquable du château, au point de vue artistique. Henri II et Marguerite de Valois le firent décorer avec le soin et le luxe qu'on pouvait attendre de la brillante architecture de la Renaissance et des habiles artistes que la cour de Médicis avait amenés en France. Le château de Chambord, ni ceux de Blois et de Chenonceaux n'ont rien de plus délicatement sculpté, dans leurs plus délicieuses pages, que la cage de ce bel escalier. Le rez-de-chaussée est formé de trois travées renfermant chacune, à la voûte, cinq médaillons variés avec les chiffres de Marguerite et d'Henri II, les armes de Navarre, de Béarn et de Pau, puis des bustes de seigneurs et de dames du XVIe siècle. La voûte qui conduit du rez-de-chaussée au palier est formée de caissons losangés avec frise ou plate-bande contenant les chiffres d'Henri et de Marguerite unis par une cordelière.

Le palier qui sépare le rez-de-chaussée du premier étage a deux travées ornées de trois médaillons aux clefs de voûte.

Les caissons carrés de la voûte qui conduit du palier au premier étage sont remplis de belles feuilles et fleurs épanouies, qui produisent, du haut, le plus charmant effet. Du premier étage aux combles, l'escalier, en mauvais état du reste, n'offre rien de remarquable.

Trois travées, correspondant à celles du rez-de-chaussée, composent la voûte à nervures du premier étage ; celles de l'est et de l'ouest sont ornées de neuf médaillons de fantaisie ; la travée du centre n'en a que cinq, et le médaillon du milieu, qui forme la clef de voûte, présente les armes des différentes alliances des vicomtes de Béarn.

Sur ce même palier, à droite de l'escalier, on voit une porte ouvrant sur une petite chapelle où Marguerite de Valois, femme de Henri IV, venait prier en silence. Voici, du reste, ce qu'elle

écrit elle-même dans ses Mémoires : « Nous
» nous en revînmes à Pau, en Béarn, où n'ayant
» nul exercice de la religion catholique, on me
» permit seulement de faire dire la messe en
» une petite chapelle qui n'a que trois ou quatre
» pas de long, et qui, étant fort étroite, était
» pleine quand nous étions sept ou huit. A
» l'heure que l'on voulait dire la messe, on le-
» vait le pont du château, de peur que les ca-
» tholiques, qui n'avaient aucun exercice de la
» religion, l'ouïssent. »

⁂

Mais je n'aurais jamais fini si je continuais
cette promenade en décrivant tout ce qui mérite
d'être signalé. Mieux vaut marcher un peu au
hasard désormais, et ne nous arrêter que là où
de grandes choses ou de puissants souvenirs
nous y inviteront.

⁂

L'ancienne chambre des rois de Navarre, où
naquit Henri IV, est au premier étage et aspecte

la vallée du Gave, au-delà de laquelle les souverains du Béarn apercevaient la chaîne si longue et les pics altiers des Pyrénées. C'est aujourd'hui la chambre à coucher de l'Empereur. Une gloire succédant à une autre gloire, sans que l'une efface l'autre, ou l'effarouche, ou l'atténue, ou la gêne seulement; un vivant illustre habitant le lieu même où naquit un illustre mort; la dynastie napoléonienne s'épanouissant dans le berceau même de la maison de Bourbon: c'est là assurément un grand spectacle, fécond en enseignements et de nature à provoquer nos méditations profondes.

...

Permettez que je place ici le récit de la naissance du Béarnais, emprunté à André Favyn, historien du pays, dont j'ai trouvé les détails dans la bibliothèque de la ville :

« La princesse de Navarre se sentant grosse et peu éloignée de son terme, prit congé de son mari et partit de Compiègne le 15 novembre; elle traversa toute la France jusqu'aux Pyrénées et se dirigeant vers Pau, où se trouvait alors son père, le roi de Navarre (Henri II); elle arriva dans cette ville après dix-huit jours de voyage. Le roi Henri avait fait son testament, que la princesse désirait voir, parce qu'on lui avait rapporté qu'il était à son désavantage et en faveur d'une dame qui gouvernait son père. C'est pourquoi, bien qu'elle eût mis toutes pièces en œuvre pour en obtenir la vue, ce lui fut une chose impossible, d'autant plus qu'à son arrivée ayant trouvé le roi malade, elle n'osait pas lui en parler. Mais la venue de sa bonne fille, ainsi l'appelait-il, le réjouit et le remit sur ses pieds. Cette princesse était douée d'un beau jugement naturel formé par la lecture des bons livres, à laquelle elle était fort adonnée; son humeur était si joviale, que l'on ne se pouvait ennuyer auprès d'elle. Docte et éloquente entre les princesses de son époque, elle suivait les traces de la princesse Marguerite, sa mère, qui s'était rendue maîtresse en toutes belles connaissances de ce temps. Le roi, averti de son désir à l'égard du testament, lui dit qu'il le lui donnerait lorsqu'elle lui aurait montré ce qu'elle portait dans son sein; et, tirant de son cabinet une grosse boîte fermée à clef avec une chaîne d'or qui pouvait bien faire vingt-cinq ou trente fois le tour du cou, il ouvrit cette boîte et lui montra son testament. Mais il ne le montra que d'un peu loin, et puis ayant renfermé tout cela, il lui dit : Cette boîte sera tienne et ce qui est dedans ; et afin que tu ne me fasses une pleureuse ou un enfant rechigné, je te promets de te donner tout, à la charge qu'en enfantant tu me chantes une chanson béarnaise ou gasconne. Et si, quand tu enfanteras, j'y veux être.

» Il avait logé cette princesse au premier estage de son chasteau ; et sa chambre justement *sur* celle de sa fille (1); pour soigner à laquelle il luy donna un de ses vieux vallets de chambre nommé Cotin, auquel il commanda de ne bouger jour et nuit d'auprès la princesse, sa fille, la servir à la chambre, et le venir advertir de l'heure qu'elle commencerait d'être en travail, quelque heure que ce fust, mesmes s'il estait en son plus profond sommeil.

(1) Voilà le texte même de Favyn, que M. Mazure, dans son Histoire du Béarn, a faussé ainsi : « Il avait logé cette princesse au *deuxième* étage de son château de Pau; sa chambre était justement *au-dessous* de celle de sa fille ; » probablement pour s'accorder avec ceux qui prétendent à tort que Henri IV est né au deuxième étage.

» Deux jours après l'arrivée de la princesse à Pau, les douleurs pour l'enfanter la prirent entre la minuit et une heure, le jour de saincte Luce, treizième décembre audit an mil cinq cens cinquante et trois. Le roy, adverti par Cotin, descend tout aussitôt. La princesse l'oyant entrer dedans sa chambre, commença de chanter en musique ce motet en langue béarnaise :

Nouste Dame deou cap deou poun,
Adjoudat me à d'aquestre hore.
Prigast aü Diù d'en ceu
Qu'em bouille biè dellioüra leu ;
D'u maynat qu'am hassie lou doun ;
Tout d'inqu'aü haüt deus mounts l'implore.
Nouste Dame deou cap deou poun ;
Adjoudat me à d'aquestre hore.

Notre-Dame du bout du pont — aidez-moi à cette heure. — Priez le Dieu du ciel — qu'il veuille bien me délivrer au plus vite ; — d'un fils qu'il me fasse le don ; — tout jusqu'au haut des monts l'implore.

» Cela se void dans toute la Casgone qu'au bout de tous les ponts, il y a un oratoire dédié à la vierge Marie, dit pour cette raison, Notre Dame *deou cap deou poun*. Au bout du pont du

Gave qui passe en Béarn, en allant à Jerançon, existait pour lors un oratoire dédié à la Vierge sainte, lieu illustré de miracles et auquel avaient coutume de se vouer les femmes enceintes pour avoir prompte et heureuse délivrance. Le roi de Navarre continua les paroles du cantique, et ne les eût pas plus tôt achevées, que sa fille accoucha du prince qui commande aujourd'hui à la France.

» Alors ce bon roi, rempli d'une grande joie, met la chaîne d'or au cou et la boîte où était le testament dans les mains de la princesse, en lui disant : « Voilà, qui est à vous, ma fille ; mais voici qui est à moi. » Et prenant l'enfant nouveau-né dans sa grande robe, il l'emporta en sa chambre, où il le fit emmailloter. Ce petit prince vint au monde sans pleurer ni crier, et la première nourriture qu'il reçut fut des mains du roi, son grand-père ; car ayant pris une gousse d'ail, il lui en frotta ses petites lèvres ; puis, dans sa coupe d'or, il lui présenta du vin, à l'odeur duquel l'enfant ayant levé la tête, il lui en mit dans la bouche une goutte qu'il avala très-bien. A quoi le bon roi étant rempli d'allégresse, se mit à dire devant les gentilshommes et dames qui étaient dans sa chambre : « *Tu seras un vrai*

Béarnais, » tout en baisant ce petit enfant entre les bras de sa nourrice. Il fut difficile à élever ; on essaya pour lui huit nourrices différentes ; la dernière qui en eut l'honneur fut Lasansàa de Bilhères.

» Or, lorsqu'il fut sevré, son aïeul lui donna pour gouvernante madame Suzanne de Bourbon, dame de Jehan d'Albret, baronne de Miossens. Cette baronnie est située dans les montagnes de Coarraze, auprès de la petite ville de Nay. »

...

La chambre à coucher de Jeanne d'Albret, située au second étage, est d'un grand et beau caractère. J'y ai remarqué le lit de la princesse : ce meuble est fermé de trois côtés et soutenu par des pilastres, représentant la Vierge, l'Enfant Jésus et saint Luc ; au-dessus sont deux caryatides, l'une jouant de la flûte, l'autre tenant un soufflet à la main ; au milieu de la frise, décorée d'arabesques, on lit la date 1562 au-dessus de la Vache du Béarn. Le devant du lit représente un guerrier endormi et un oiseau de nuit blotti dans un amas de feuillage, puis au-dessous courent de capricieuses arabesques découpées à jour.

...

Il n'est pas une seule des chambres du château où l'on ne rencontre, soit une statue, soit une statuette, soit un médaillon, soit un portrait d'Henri IV. Le Béarnais est là dans son domaine, que son souvenir anime tout entier. On dirait que le monument est élevé à sa gloire; du moins lui est-il consacré. Pieux et patriotique hommage qu'on aime et auquel on s'associe volontiers.

...

Le château est presque entièrement meublé. Malheureusement, la plupart des siéges et des bahuts sont de fabrication récente. La sauvagerie révolutionnaire a passé par là, détruisant, saccageant, déchirant. Il a bien fallu réparer ses actes de vandalisme et remplacer par des ouvrages modernes les précieux chefs-d'œuvre anéantis par elle.

...

Dans plusieurs salles j'ai remarqué de superbes vases de Chine et du Japon. Comme ils figureraient heureusement dans ma collection, sans
laisser un grand vide là où ils se trouvent!
Heureusement je suis honnête... et un gardien
m'accompagne.

Chacun a sa folie où toujours il revient!

Ma folie à moi, celle à laquelle je reviens
toujours, c'est la porcelaine chinoise et japo-
naise, dont j'ai réuni depuis quinze ans des
échantillons assez nombreux, parmi lesquels
cependant je remarque avec douleur des lacu-
nes que j'aimerais bien à combler. Mais il faut
me résigner, malgré mes tentations, à puiser
pour cela ailleurs qu'au château de Pau.

Si vous saviez combien, malgré leurs déceptions trop fréquentes, les collectionneurs éprouvent de douces jouissances à amasser des rare-
tés, pour les contempler solitairement ou les
montrer avec complaisance aux indifférents
aussi bien qu'aux amateurs, aux ignorants com-

me aux plus fins connaisseurs, vous augmente-
riez sûrement le nombre des fureteurs, et, une
fois engagé dans la troupe, vous n'en voudriez
plus jamais sortir.

∗∗∗

Autrefois je collectionnais des dentelles,
aimable occupation qui m'a rendu familiers le
point de Venise, la guipure, la gueuse, la
campane, la binette, la mignonette, la malines,
la valenciennes, le point de Bruxelles, le point
d'Alençon, les dentelles de Bailleul, de Lille,
d'Arras, de Chantilly, de Bayeux, de Mirecourt,
de Suisse, d'Italie, d'Espagne, de Portugal,
d'Allemagne et d'Angleterre. Toutes les fa-
briques d'Europe étaient représentées dans
mon petit musée, dont j'étais très-fier, parce
qu'il renfermait véritablement des morceaux curieux ; mais je l'ai trouvé un beau matin déva-
lisé par une main trop amie pour que je pusse
la maudire ou la dénoncer au procureur du
roi et aux gendarmes.

Ma passion a changé d'objet alors, et je me
suis mis avec acharnement à la recherche des

Elzeviers et des Estiennes. Ma bibliothèque se remplissait à vue d'œil, lorsqu'une circonstance me contraignit à disperser mes richesses typographiques, dont les derniers débris sont allés s'entasser chez un fidèle camarade de ma jeunesse, que les mauvaises inspirations de la politique ont rendu depuis mon ennemi le plus irréconciliable.

Plus tard, j'ai réuni des armes du moyen-âge, dont mon frère m'a débarrassé, sous prétexte qu'elles figureraient plus avantageusement dans ses trophées que dans mes panoplies.

Plus tard encore, j'ai groupé en assez nombre des flèches et des arcs fabriqués par les sauvages connus ou inconnus de toutes les parties du globe. Il n'en existe plus trace chez moi, tant on m'a dépouillé au profit de je ne sais quelles galeries hyperboliques. Durand-Brager, le peintre de marine, a accepté le reste, que je lui ai offert de bon cœur.

C'est alors que je me suis mis à la poursuite des porcelaines façonnées et décorées par les Chinois et les Japonais, qui sont incontestablement nos maîtres dans l'art charmant de la céramique. Puissent les dieux cléments et les déesses favorables en mettre beaucoup sur ma route ;

— j'entends : de plus accessibles que celles du château de Pau !

***

En fait de collections, j'ai l'heureuse chance de posséder la plus grande partie des lithographies d'Aubry-Lecomte, le créateur en France d'un art qu'il semble avoir porté du premier coup à sa perfection même.

Je dois ces trésors à l'affection du fils de ce lithographe célèbre, l'un de mes amis les plus chers et les plus sûrs, — qui mettra bien un jour le comble à mes vœux, en recherchant, pour me les offrir, les planches qui manquent dans mon album à l'œuvre entière de son père.

***

De plus, le comte Olympe Aguado, avec qui j'ai été en train, il y a dix ans, de gagner une grosse fortune, qu'un perfide calcul et un entêtement imbécile, coalisés ensemble, m'ont fait manquer de vingt-quatre heures ; — cet aimable grand seigneur mêlé à toutes les choses de l'intelligence et du progrès, m'a donné l'ensemble complet de ses admirables photographies, qui n'ont jamais été dans le commerce et que l'on chercherait vainement ailleurs que chez quatre ou cinq amateurs.

...

Maintenant que vous voilà initié à mes faiblesses passées et à mes passions présentes, nous pouvons reprendre tranquillement le cours interrompu de notre promenade dans le monument dont le Béarn est tant et si justement orgueilleux.

...

La plupart des appartements du château de Pau sont tendus de vieilles tapisseries des Gobelins et de Beauvais, d'une grande beauté et d'une excellente conservation ; quelques autres ont des tapisseries de Flandre, moins belles peut-être au point de vue de l'art pur, mais non moins précieuses.

•·•

Parmi les meubles curieux que renferme le château, on remarque :

Un clavecin à deux claviers ayant servi à Marie-Antoinette. C'est sur cet instrument criard que l'infortunée reine jouait les sonates de Salieri, à la veille des humiliations et des douleurs, préludes de son long martyre, que devaient lui apporter les odieuses journées des 5 et 6 octobre.

Un coffre très-curieux, rapporté de Palestine et donné, dit-on, à saint Louis par le Vieux de la Montagne. Ce meuble est orné à l'extérieur de cuivres dorés, découpés à jour, sur fond de velours rouge; l'intérieur est formé d'une quantité de petits tiroirs déguisés sous une architecture à colonnes torses, dorées et accompagnées d'incrustations d'ivoire et d'ébène d'une belle conservation. Il est placé dans le cabinet de l'Empereur.

Le berceau de Henri IV, fait d'une grande

écaille de tortue, mais qu'on a défiguré en l'embarrassant d'un faisceau de drapeaux mal disposés et d'un aspect presque ridicule.

Un cabinet Louis XIII à deux corps, en frêne et ébène sculpté, orné de sujets de la Bible et des Évangiles. Au milieu du couronnement, on aperçoit une jolie petite statuette représentant un grand-prêtre du temps de Moïse.

Un bahut François Ier en chêne sculpté, contenant, dans le compartiment du milieu, au-dessus de la serrure en cuivre doré et ciselé, la Vierge et l'Enfant-Jésus dans une arcature grecque. De petites aiguilles à pinacles ornés de crochés séparent chaque compartiment, qui renferme des trèfles dans des accolades. Ce meuble a 1 mètre 55 sur 95 c. de hauteur. La tablette supporte deux petites statuettes dorées représentant Henri IV à pied.

Un grand fauteuil dit : *Fauteuil de Jeanne d'Albret*, avec l'écusson de France et de Navarre. Ce meuble se trouve dans le cabinet de la reine Jeanne.

Un magnifique lit à baldaquin couvert de médaillons brodés en soie au petit point par les demoiselles de Saint-Cyr, sous la surveillance de Mme de Maintenon. Je doute, quoiqu'on en dise, qu'il ait jamais été destiné à Louis XIV, à cause de l'absence de tout chiffre, de tout emblême, même de fleurs de lys. Il décorait une des chambres du château de Ménars, près de Blois, et a été acheté en 1838 par le roi Louis-Philippe. C'est dans ce lit que coucha Abd-el-Kader pendant sa captivité au château de Pau.

Deux vases de porphyre rouge, forme Médicis, de 1 mètre 15 de hauteur sur 90 centimètres de largeur; une table ronde en porphyre rose, de 1 mètre 25 de diamètre sur 2 centimètres d'épaisseur, et une autre table ayant la forme d'un parallélogramme, de 1 mètre 41 sur 85 centimètres, composée de marbres de différentes couleurs disposés en mosaïque. Ces objets ont été offerts au château par Bernadotte, devenu roi de Suède, — autre chef de dynastie auquel Pau s'énorgueillit d'avoir donné le jour.

XV

Pau, le 6 janvier 1864.

Hier, j'ai conquis un nouvel ami — un allemand pur sang, qui ne parle pas du tout français, et avec lequel, moi qui ne connais pas un traître mot de l'idiôme germanique, je suis contraint de converser en espagnol ou en italien.

Mon Allemand se nomme Wolfgang, absolument comme Goëthe et Mozart ; il est né dans la vallée charmante de la Lahn, fait de la critique dans un journal de Francfort, et voyage pour son instruction. Grand, d'un visage sympathique, son regard semble réfléter l'azur du ciel et son sourire ferait le désespoir de la Ferraris. Bien élevé, du reste, et d'une politesse sincère, il cherche. à compléter son éducation — en faisant quelquefois celle des autres.

Etabli à Pau pour tout l'hiver, il me retiendrait facilement si je n'avais résolu d'aller plus loin, tant j'éprouve de plaisir à m'entretenir avec lui et à l'entendre jouer en maître des sonates de Beethoven et des oratorios de Mendelssohn.

Et puis il fait en ce pays le plus beau temps du monde. L'air est tiède et plein de parfums ; le soleil a de chauds rayons ; les nuages sont tous refoulés dans la montagne. Si les arbres avaient des feuilles, les prés des marguerites et les buissons des oiseaux chanteurs, on croirait le renouveau venu. C'est un enchantement véritable.

Mon ami Wolfgang est bien de cet avis. Il reste et cherche à me faire rester. Cela le rend si heureux d'échanger des idées avec un confrère, et d'avoir, quand il se met au piano, un auditeur fou de musique et passionné pour Meyerbeer !

Hier, après deux heures entières passées en compagnie des grands maîtres de l'art divin, mon virtuose, blond comme les épis blonds, m'a entraîné jusqu'au côteau de Jurançon, et, tout en cheminant, il m'a fait un parallèle de Litsz et de Thalberg, que je vous demande la permission de vous envoyer.

...

En fait d'art, mon cher confrère, dit-il, je ne suis point exclusif. J'aime, au contraire, à porter mes admirations partout où mes yeux rencontrent des objets qui les frappent, où mon oreille ouït des sons qui la séduisent, où mon intelligence devine un esprit qui la charme.

Mes sympathies sont à tout ce qui est supérieur, à tous ceux qui sont grands.

Le nom ne m'importe guère. Je n'ai jamais cherché à savoir de quelle sorte on appelle toutes ces étoiles rutilantes qui sont là-haut chacune l'œil de Dieu.

D'où que m'arrivent les lueurs, je m'en laisse illuminer ; quelque bannière qu'adopte l'art, je la salue.

La politique ne s'arrangerait point de cette indépendance, qu'elle caractériserait sûrement d'un nom sévère ; mais, s'il est interdit à tout homme de probité de clamer à la fois : « Vive le Roi ! vive l'Empereur ! » il m'a toujours semblé du droit d'un critique de crier simultanément et suivant les occasions « Vive Raphaël ! vive Rubens ! »

Voilà ce qui rend, à mon sens comme au vôtre, sans doute, le culte réfléchi de l'art préférable aux discussions brûlantes de la politique. Voilà pourquoi j'ai dédaigné les hautes régions du journalisme, pour me réfugier dans le coin d'une Revue où nul ne me demande compte ni de mes aspirations, ni de mes éloignements ; ni de mes joies, ni de mes tristesses ; ni de mes témérités heureuses, ni de mes écarts eux-mêmes.

Nous pouvons, indépendants que nous sommes, promener à loisir nos caresses et nos soufflets ; notre plume peut tour à tour faire patte de velours ou étendre sa griffe ; qui, sauf les intéressés directs, a donc droit de s'en étonner et de s'en plaindre ?

Tandis que l'esclavage règne en l'autre hémisphère, c'est au nôtre que la liberté conserve son soleil.

Quelque opinion qu'exprime un critique — si elle n'émane d'aucun sentiment mauvais, si elle ne doit servir aucune haine aveugle, aucune amitié exigeante, — elle est admise sans conteste et respectée. Et puis le champ est large ouvert. Nous admirons à la fois Racine et Dumas, Hugo et Corneille. *Henry III, Le Cid,*

Marion Delorme et *Phèdre*, nous apprécions tout cela sans assimilation, sans sacrifice, sans exclusion de l'un au profit de l'autre. Peu nous importe, en vérité, qu'*Hamlet* soit de Shakespeare, *Faust* de Goëthe, et *Mysanthrope* de Molière. Ce sont trois chefs-d'œuvre : voilà tout, et de qui soient-ils, nous savons nous découvrir devant tous les chefs-d'œuvre.

De même l'*Enéide* et l'*Iliade*, le *Jugement dernier* et la *Vierge à la chaise*, nous nous inclinons devant eux, sans regarder s'ils sont d'Homère, de Virgile, de Michel-Ange et du divin Sanzio.

Les œuvres nous sont tout ; les noms ne nous sont rien. Admirons-nous moins les marbres antiques sur le socle desquels n'est pas gravé le nom du ciseleur ? et les filles de Mnémosyme, que le caprice de nos pères a nommées Erato et Polymnie, nous seraient-elles moins chères si elles se transformaient aujourd'hui et s'appelaient Cécile et Madeleine ?

Il y a, je le sais, une limite où l'art se sépare et se plie en deux ; il y a encore parmi quelques-uns d'entre nous une espèce de guerre des deux roses : l'une blanche, c'est-à-dire classique ; l'autre rouge, c'est-à-dire romantique. Qu'importe cela ?

Vous le savez, au sortir de révolutions qui, toutes politiques qu'elles paraissent, n'en ont pas été moins pour un peu littéraires, il y a des Guelfes et des Gibelins, des Capulets et des Montaigus, qui éprouvent l'invincible besoin de renouveler le combat des dyptiques et des tryptiques. Laissons-les faire. La lutte n'est pas dangereuse, et si, tout à la fin, quelques-uns restent sur le carreau, soyons assurés du moins qu'il n'y aura pas eu effusion de sang.

Qu'est-ce, je vous le demande, que les romantiques? Des novateurs. Eh ! mon Dieu, Corneille venant après Rotrou, qu'était-il donc? et Poquelin, faisant succéder *Tartufe* aux parades de la comédie italienne, ne peut-il pas être assimilé à Victor Hugo écrivant témérairement ses odes immortelles, alors que régnait et gouvernait encore l'hémistiche sec et cadencé du premier Empire ?

Tout est une affaire de temps.

Nul ne saurait demeurer dans son immobilité, et je ne sais personne qui, voulant être fidèle à son point de départ, ne soit, dans un temps donné, obligé de reconnaître qu'il a marché en avant ou à reculons.

Depuis la création, l'homme a fait comme

les fleuves : il a porté ses eaux vers la mer de l'avenir — océan sans limites et sans fond, qui reçoit néanmoins volontiers le tribut de chacun.

Seulement les fleuves s'altèrent lorsqu'ils sont gonflés par les pluies de l'hiver; leur sable jaune se souille de boue noire; leurs eaux transparentes s'épaississent et se maculent. Leur cours devient si impétueux qu'ils se jettent à droite et à gauche du sillon que la main de Dieu leur a creusé, et il semble qu'un miracle seul pourra les faire rentrer dans leur lit. Mais le ciel se rassénère, le soleil luit là-haut, et le fleuve, redevenant lui-même, reprend instincti-vement sa marche paisible.

De même, de temps à autre, l'homme se trompe de chemin; il s'égare sur ses propres rives, s'entoure volontairement de ténèbres et se perd dans le labyrinthe où il a négligé de porter un fil conducteur. Cependant peu à peu les éclairs fugitifs qui luisent à ses yeux lui font reconnaître d'où vient le jour; infatigable dans sa marche, il cherche un sentier nouveau et re-trouve une route grande et belle, sur laquelle il s'élance courageusement pour rattraper le temps perdu.

J'ai voulu établir ces principes alors que je

vais élever devant vous un piédestal à Litsz, et ajouter une feuille à la couronne de Thalberg.

***

Thalberg et Litsz ! deux noms superbes dans l'histoire musicale ! Deux hommes qui occupent, à cette heure, les sereines hauteurs de l'art.

Tous deux sont grands . mais chacun à sa manière. L'un a de la fougue, de la spontanéité, du prime-sautage, si j'osais dire, des inspirations heureuses ou bizarres, de ces magnificences que l'entraînement seul peut produire, et aussi par contre de ces inégalités qu'expliquent les hasards de l'improvisation. Le thême, pour Litsz, n'est qu'un sujet donné sur lequel il étale à plaisir, avec le mécanisme le plus surprenant, les broderies que sa verve fait naître sous ses doigts de cristal.

Thalberg, au contraire, est l'homme méthodique par excellence, jouant du piano comme pas un, sachant, en abordant le clavier, l'effet de mélodie qu'il produira, et ne s'écartant pas d'une note du chemin qu'il s'est tracé. Son exécution , constamment irréprochable , est réglée par avance ; ses inspirations, toujours marquées au meilleur coin, datent de dix années peut-être, et elles reviennent à point nommé, quand le besoin naît, avec une fabuleuse docilité.

Depuis que Thalberg est grand artiste parmi les grands artistes, il n'a pas eu un de ces moments de défaillance qui sèment la vie de Ljtsz. Partout où il a voulu combattre, il a aisément vaincu.

L'un ressemble à ces ruisseaux qui gazouillent sous la feuillée, une harmonie toujours égale, que pas un caillou importun ne vient interrompre. L'autre est un torrent qui se précipite en grondant dans la vallée, où il se plaît à produire d'enivrants murmures, mais d'où il s'échappe en éclats de colère — cascades indomptées, gerbes aventureuses, cataractes retentissantes.

L'un se mire dans le passé, l'autre se baigne dans l'avenir. En d'autres termes, l'un a trouvé la perfection, l'autre cherche l'infini.

Celui-ci est un soleil sur lequel des éclairs fréquents font apparaître des constellations et des taches ; celui-là est soleil aussi, mais soleil dont les feux fixes ne grandissent et ne s'altèrent jamais.

On a dit ceci, en appréciant les deux sommités du piano : Thalberg est le premier ; Litsz est le seul.

En effet, près de Thalberg ou derrière lui, j'aperçois cette pléïade de pianistes de la même école, qui forment comme les branches de l'arbre dont il est le tronc : il est le premier.

A côté de Litsz ou derrière lui, je ne vois personne : il est le seul.

Ce qui consacre encore cette éternelle vérité, qu'il est plus aisé d'imiter que d'être inspiré.

Quoi qu'il en soit de cette appréciation comparée, Thalberg est un des artistes les plus éminents de l'époque, et à ce titre toutes mes sympathies les plus admiratives lui sont acquises. Cependant j'éprouve, pour dire ce qu'il est, un singulier embarras. De même que la flamme fuit sous la main qui veut la saisir, de même le talent vrai et indiscutable s'échappe sous la parole qui cherche à l'analyser. Vous, qui le connaissez comme moi et l'admirez comme moi, vous devriez bien m'aider un peu.

On entend Thalberg à Paris ; ailleurs on l'écoute, ce qui vaut mieux. On est avec lui d'esprit et de cœur ; on le suit pas à pas, note à note ; on s'identifie avec ses intentions ; on accompagne le mouvement de sa musique; on en cherche les ressorts ; on est tout à lui et tout en lui.

La raison en est simple. A Paris, tout est à un diapason égal ; chaque chose est haut montée, et si l'on voulait niveler, on rencontrerait la tête de tout. La peinture, la musique, les théâtres, les monuments, les assemblées, tout cela a un cachet de grandeur, de perfection et de magnificence qui ne donne nul repoussoir à la lumière. Aussi, dans cet immense tableau, aperçois-je des premiers plans, mais pas de pénombre.

Chez nous, au contraire, qui vivons dans un milieu plus resserré, le moindre éclair resplendit sur le ciel sombre ; et quand cet éclair s'appelle Thalberg, on se plaît à s'en laisser illuminer.

En Thalberg il y a deux hommes remarquables : le compositeur et l'exécutant.

L'un écrit de la musique que chaque jeune fille se croit le droit d'étudier, de comprendre et de reproduire. Cependant comme elle est sortie de la plume du poëte pleine de nuances gracieuses et charmantes, — mais hérissée de difficultés cachées, je la crois, malgré la popularité dont elle jouit, appelée à faire le désespoir de ceux qui l'auront entendu exécuter par Thalberg lui-même.

La pensée mélodique y est opulente; elle se reproduit sous toutes les formes, avec une perfection qui est de l'étude plutôt que de la spontanéité. Aussi ne se présente-t-elle pas toute nue, mais, au contraire, fort décemment habillée des plus délicieuses fantaisies que puisse enfanter un esprit d'élite.

Chez Thalberg, voyez-vous, la tête et le cœur savent s'allier, pour former de concert un talent combiné d'imagination et de sentiment.

C'est là précisément le secret de la facilité apparente et de la difficulté réelle de cette musique à la fois suave et superbe. On s'initie aisément à ce que produit la tête; mais on ne saurait de même deviner les nuances délicates de ce qui émane du cœur.

La silhouette hardiment découpée d'un frêne absorbe presque toujours aux regards de celui qui le considère seulement avec ses yeux, l'élégance charmante de son feuillage.

Thalberg, quoique jeune encore, est chef d'école, et comme écrivain et comme exécutant. Avant lui la phrase musicale n'affectait pas des allures aussi franchement dessinées; elle était incomplète pour sembler trop riche, et quelquefois niaise pour être crue inspirée. Mais il a compris, avec ce tact qui le distingue, que, s'il perfectionnait la note, il fallait créer des procédés nouveaux afin de la produire ; pour cela il n'eut besoin que de multiplier ses dix doigts, et le tour se trouva fait.

Il était nécessaire, pour que Thalberg atteignît le sommet auquel il tendait, qu'il eût de la force et de la volonté, de la science et de la souplesse ; qu'il sût faire des ruines et reconstruire le monument ; qu'il fût aussi hardi antagoniste qu'habile réformateur. Il a pu tout cela, il a été tout cela ; ce qui lui donne vingt titres de gloire et non pas un.

Aussi ne sait-on qui le plus admirer ou de Thalberg qui compose, ou de Thalberg qui exécute.

Au piano, l'illustre virtuose a une distinction de jeu infinie ; il phrase avec une incomparable perfection ; il chante comme Rubini, fait la difficulté comme Paganini, et sait marquer tout d'un cachet de finesse charmante et d'esprit ravissant.

S'il avait eu tant soit peu de la fougue de Litsz, Thalberg serait inimitable dans le présent, et plus que grand dans l'avenir.

Ce qui est de l'exubérance chez l'un servirait l'autre à miracle.

En effet, et pour tout dire, je trouve Thalberg non pas froid, mais trop sage ; sûr de lui, il ne s'écarte pas assez de la voie qu'il doit suivre ; il ne joue pas assez à l'aventure et à l'inspiration du moment ; enfin il charme, mais n'enlève pas.

Un peu de Litsz infusé dans beaucoup de Thalberg, cela ferait un Titan musical qui escaladerait les plus hautes cîmes.

...

Nous étions de retour que mon ami Wolfgang parlait encore. Mais il se faisait tard : je lui ai souhaité *las buenas noches*, et je suis venu essayer de vous traduire en langue vulgaire ce qu'il m'avait si bien exprimé avec un ton convaincu, une sincérité évidente, un enthousiasme froid et raisonné, si l'on peut ainsi dire.

XVI.

Pau, le 7 janvier 1864.

Wolfgang, tout Tudesque qu'il soit, ne fume pas ; en revanche, il prise. Horreur !

Il est triste, en vérité, de voir cet homme beau, intelligent et si bien doué, bourrer son nez d'une affreuse poussière noire, âcre, puante et répulsive.

Je le lui ai dit ; mais il ne m'écoute pas.

— Laissez-moi mon plaisir , objecte-t-il, puisque je ne dispute pas sur les vôtres. Vous aimez à placer entre vos lèvres des feuilles de tabac enroulées, pour en extraire, avec un suc meurtrier, une fumée corrosive. Est-ce bien bon ? est-ce bien salutaire ? est-ce bien sage ? Je n'en crois rien ; mais, comme cela vous plaît, je me garderai de contrarier votre goût.

— Vous calomniez ce que vous ne connaissez pas, repris-je. Tenez, j'ai écouté hier sans broncher votre longue dissertation sur Thalberg et sur Litsz. Permettez que, à mon tour, je prenne la parole, pour vous énumérer les bienfaits du cigare. Cela sera moins instructif au point de vue de l'art, sans doute ; mais, au point de vue fantaisiste, cela présentera peut-être quelque intérêt.

***

Wolfgang s'assit tranquillement devant son piano, et, tout en jouant quelque mélodie naïve ou entraînante, il me laissa parler sans m'interrompre d'un geste ou d'un mot.

***

Tout le monde fume en France, Monsieur. La pipe est très-bien portée, et le cigare est du dernier bon ton. Un manant vous a l'air d'un homme très comme il faut, dès lors que ses lèvres prolétaires sont armées d'un brûle-gueule, et le moindre saute-ruisseau barbu, chevelu et moustachu, peut marcher le rival des rois, aussi bien et même mieux qu'un grand d'Espagne, du moment qu'il rend proprement, par le nez, les oreilles et les yeux, la fumée qu'il a aspirée par la bouche.

Cette opération là, pour le dire en passant, est pleine de mystères que mon intelligence n'a point encore réussi à pénétrer, et il me semble que, pour connaître à fond le labyrinthe qui joint les diverses organes, établit entre eux une corrélation directe, et permet ainsi à l'un de suppléer l'autre dans les moments critiques, il faut avoir profondément étudié l'anatomie, la pathologie, la crânologie et la fumologie.

Question de médecine !

Chaque époque a un cachet caractéristique destiné à marquer sa place dans la succession non interrompue des siècles , et susceptible de la faire reconnaître de quiconque, à première vue. Ainsi, ce guerrier, brave au combat, placide à la maison, — pourpoint de buffle, bottes de daim, dague bien trempée, — dont la tête rase semble assise sur une fraise empesée, comme le chef de saint Jean sur son plat d'argent, c'est pour sûr le seizième siècle. Puis ce jeune seigneur, dont la perruque opulemment bouclée caresse un habit de velours brodé d'or, — talons rouges et bas de soie, épée de cour et jabot de dentelle , chapeau à plumes et moustaches fraichement aiguisées, — vous l'avez dit, c'est le dix-septième siècle. Et cette grande belle dame, dont les cheveux étalés en cathédrale jettent à la brise une poudre légèrement parfumée, — qui se pinturlure le visage pour avoir beaucoup d'éclat, et se constelle de mouches pour s'en donner trop ; cette charmante précieuse, bouche en cœur, lèvres carminées, œil langoureux, taille de nymphe, épaules de marbre pentélique , main fabuleusement fluette, pied impossiblement petit ; cette marquise, toute mignarde, toute pimpante, toute fière, qui est à la fois bonne et impertinente , chaste et dissolue, souriante et superbe, cette femme, type dont la vie est un mystère — caché derrière un éventail, à n'en pas douter, c'est le dix-huitième siècle. Enfin, ce beau fils débraillé, dont l'existence est saupoudrée d'or ; ce flâneur charmant, qui parle chevaux et coulisses , Bourse et hippodrome, qui fait des armes comme Grisier et brise une poupée comme Lepage ; ce bohémien de ruelles qui soupe sans cesse ; cet homme de loisir qui escompte joyeusement l'avenir, en jetant le présent par les fenêtres ; ce coureur d'aventures dont les domaines s'étendent du détroit de Behring au fleuve des Amazones ; — si ce n'est vous, c'est moi, c'est lui, c'est nous tous ; c'est-à-dire c'est notre époque, c'est le dix-neuvième siècle.

Vous voyez bien que le cigare joue un rôle influent dans l'histoire de ce temps-ci. Il est, si je puis dire, le jalon pavoisé destiné à nous faire distinguer de nos devanciers et de nos successeurs, par les générations extrêmement futures.

Le cigare, c'est le roi de l'époque, voyez-vous, et

> Sous le sceptre cendré de ce tyran en feu

je vois se ranger des sujets si nombreux, si divers de mœurs, de sexe, d'âge, de situation, de fortune, que je me prends à croire que les dominations absolues sont les seules admises sans conteste, les seules susceptibles de satisfaire tout le monde en général et chacun en particulier.

Le temps viendra où les choses prendront un développement que les circonstances n'ont pas permis jusqu'à ce jour, et non-seulement les colléges pour un peu bien situés dans l'Université posséderont des professeurs assermentés de fumerie, ce qui n'offrira rien de bien excentrique, mais encore les nourrices auront, à l'usage de leurs nourrissons, des cigares-miniatures destinés à faire une rude concurrence aux biberons Darbo.

Il y a peut-être là-dessous une grosse révolution sociale. Gare qu'elle ne s'en aille point en fumée.

Le fait est que l'on fume à présent à peu près en tous lieux : à Cachemire et à Riga, à Olmutz et à Philadelphie, à Santo-Domingo et à Francfort, à Baden-Baden et à Stamboul, à Jérusalem et à Landerneau, à Pétersbourg et au cap de Bonne-Espérance. Sans compter que l'on fume encore dans la Nouvelle-Zélande et dans la terre de Diemen, dans le Céleste-Empire et dans les Etats de madame Pomaré. Enfin, et pour mieux dire, on fume partout — même chez les peuples sauvages, qui montrent de la sorte les plus brillantes dispositions à une rapide et complète civilisation.

Cependant, et je dois proclamer à l'éternel honneur de mon pays, nulle part on ne fume mieux ni plus qu'en France, — où l'on sait si bien savourer tous les plaisirs, épurer toutes les joies, quintessencier tous les bonheurs. Au point où nous en sommes, un Français peut hardiment rendre trois pipes sur douze à un étudiant allemand, cinq cigares sur quinze à un armateur d'Amsterdam, et tout ce qu'il pourra exiger à quelque autre habitant du globe, — en partant du grave citoyen de Hambourg pour arriver au fier hidalgo de Castille, sans négliger les sujets très-musulmans de la Sublime-Porte.

Ce qui veut dire que lorsque la France n'a pas l'occasion de conquérir le monde par l'éloquence de la poudre, elle sait le dominer par l'influence du tabac.

Il y a toujours de la fumée dans notre fait.

Vous ne le croirez peut-être pas, et cependant rien n'est plus réel, le cigare a détrôné le vieux kilomètre, et, malgré les efforts du gouvernement, les bornes qui décorent nos grand'routes ne jouissent plus d'aucune considération en France. C'est un poëte qui a fait à lui seul la révolution sociale et métrique dont ces pauvres sentinelles perdues de la civilisation sont les premières victimes. Un jour, avant l'installation des chemins de fer, bien entendu, Méry écrivit ceci :

« De Paris à Marseille, il y a trente-trois cigares. »

La chose se discuta, des ingénieurs civils et — fumeurs furent envoyés sur les lieux, et les calculs de l'honorable futur académicien étant reconnus de la plus parfaite exactitude, il ne lui fut délivré aucun brevet d'invention, mais chacun s'appliqua à réduire en cigares la distance d'un point à un autre.

De ce momont tout fut dit et tout fut fait. La poésie avait renversé l'un des monuments dont l'esprit humain s'honorait le plus. Un mot de Méry avait détruit l'œuvre de soixante douzaines de savants.

Et qu'on dise que le cigare et les poëtes n'exercent pas une influence directé sur la destinée des empires.

Le cigare, en outre qu'il règne sur le monde, gouverne le boudoir, et je ne sais pas une petite maîtresse qui ne se complaise au milieu de l'atmosphère chaude et forte dont il est le principe. Il est même plus d'une femme — et je dis des jolies — qui ne dédaignent point de fumer pour leur propre compte. Et, sur ma parole, elles s'en acquittent avec beaucoup de

succès , de grâce et de charme. Elles vous
prennent, pour cela, un petit air crâne et
mousquetaire qui ne leur messied pas du tout,
je vous jure, et personne mieux qu'elles ne sait
deviner et goûter les innombrables voluptés
renfermées dans un cigare.

Et, après cela, pour qui est à même de voir
les femmes — qui sont sur la terre autant de
sourires de Dieu — il est avéré que nulle
royauté n'est vraie ni stable, si elles lui refusent
leur agrément et leur consécration. L'empire du
cigare serait parfaitement éphémère et passager,
si les produits de la Havane et de Manille étaient
à notre exclusif usage à nous autres, et nous
devrions bientôt, nous inclinant devant des
exigences trop charmantes pour n'être pas
obéies, en laisser la libre jouissance au cabillot
belliqueux ou au matelot goudronné — ce qui
serait vraiment bien dommage.

Cependant, des lettres de grande naturalisa-
tion ont été données au cigare par tant de
femmes en général et en particulier, que
désormais nous n'avons nul souci à concevoir
de ce côté là. Nous pouvons hardiment fumer
sans crainte de l'avenir.

Et, d'ailleurs, le cigare n'est-il pas l'ami de

l'homme? Ce titre avait, jusqu'à présent, été attribué à un petit animal frétillant et gentil, mais qui n'a jamais montré un dévouement si absolu à l'humanité, qu'il y ait beaucoup d'ingratitude à le priver d'une fonction parfaitement peu en rapport avec ses attributions naturelles. Le lézard doit incliner sa tête écaillée devant le cigare, et à cause de ce qu'il est et à cause de ce qu'il n'est pas.

Combien de chagrins, en effet, n'emporte pas avec lui un seul atôme de cette fumée grisâtre qui s'échappe de nos lèvres embaumées, en répandant à l'entour un délicieux parfum? Combien de soucis ont osé résister à l'aspiration régénératrice de six feuilles de tabac en feu? Par combien de lueurs vives et scintillantes l'intelligence n'est-elle pas illuminée, au milieu de l'ivresse délicieuse où l'influence du cigare l'a plongée? Combien d'inspirations ne naissent pas au sein de cette atmosphère épaisse et brûlante, que tamisent les rayons lumineux et pénétrants d'un beau soleil d'or?

Le cigare occupe une situation sociale si multiple, qu'il serait malaisé de la définir. Cependant on peut dire qu'avant tout et surtout, il est poëte : — écrivain, musicien et peintre.

En effet, cette page vive et sympathique, fleur que nos yeux cueillent avec avidité ; ce cadre où l'artiste a mis, avec les trésors de son âme, les innombrables secrets par lui dérobés à la nature ; cette œuvre magistrale à laquelle six mille mains enthousiastes applaudissent à la fois — tout cela, qui l'a donc fait, qui l'a donc créé, qui l'a donc inspiré, sinon le cigare ?

Clef précieuse chargée d'ouvrir les portes de la célébrité au génie qui sommeille, au talent qui s'ignore, le cigare c'est quelque chose comme la gloire de l'avenir greffée sur les jouissances du présent.

A la faveur d'un cigare, l'esprit fatigué prend des forces nouvelles, le cerveau empêché se dégage, le cœur flétri se rassénère, l'âme alanguie se réveille, et lorsque la matière en est venue à ce point extrême de dominer l'intelli-gence, douze bouffées bienfaisantes opèrent un miracle de transfiguration soudaine.

Et pourtant le cigare a des détracteurs ; vous, par exemple, vous, mon ami d'hier. Quel roi puissant ne compte pas d'ennemis ? Consolons-nous en ; car le cigare perdrait toute autorité du moment où sa domination ne serait plus con-testée. Les adversaires du bien et du beau n'ont jamais réussi qu'à faire détester plus sincèrement le laid et le mal.

Le cigare règne et gouverne donc partout, de l'échoppe au salon, et je ne serais point étonné que quelque mythologue de ce temps-ci lui créât dans la troupe de Jupiter une divinité authentiquement protectrice. Et pourquoi, en effet, Minerve ne donnerait-elle pas à Mercure une fille posthume, qui prendrait place au rang des dieux les mieux honorés dans l'Olympe, — comme qui dirait entre Vénus et l'Amour? Il n'y aurait rien de bien étrange à cela, n'est-ce pas?

J'ai fait l'apologie du cigare, et cependant je n'ai pas dit assez toutes les consolations qu'il nous donne, toutes les douleurs dont il nous délivre. Suivant la situation de son esprit et de son cœur, l'homme ressent plus ou moins vivement les baisers qui le caressent ou les coups qui le frappent. J'en sais quelques-uns qu'un nouveau déluge trouverait forts et résignés ; j'en sais d'autres pour qui une feuille de rose pliée en deux est incommode et douloureuse. Ceux-ci semblent insensibles à la joie au point de ne jamais sourire ; ceux-là s'abandonnent au plaisir sans souvenir de la veille, sans souci du lendemain. Interrogez-les tous, et tous répondront que leurs souffrances, petites ou grandes, leurs bonheurs, vastes ou restreints, disparaissent devant cet enchanteur enivrant et mystérieux qui s'appelle Cigare.

Il est donc évident que chacun en France peut être heureux à dix sous l'heure.

Si cette vérité-là était mise à la portée de tout le monde, combien de gens économiseraient les larmes et les grincements de dents ?

⁂

Après ces belles tirades, pour me démontrer jusqu'à quel point je l'avais convaincu, Wolfgang m'offrit une allumette pour rallumer mon cigare éteint, et, avec une béatitude extrême... huma une prise de tabac.

Être incorrigible, va !

XVII

Wolfgang est légèrement démocrate. J'entends qu'il a des aspirations républicaines, tout en reconnaissant l'impossibilité de gouverner régulièrement un grand peuple par le système républicain. Il n'admet pas la pratique, mais il est loin de repousser la théorie. Belle âme dont le rêve s'arrête sagement au seuil de la réalité.

Il aime fort notre pays et admire sincèrement nos institutions; il reconnaît que l'Empereur Napoléon III est le plus habile politique de ce temps, et le plus honnête; qu'il a fait la France très-redoutable, tout en lui conciliant les sympathies sincères de tous les peuples. Seulement il ne comprenait pas bien comment les

légitimistes dévoués à l'Empire sont rigoureusement fidèles au principe salutaire qui les inspire.
J'ai dû, pour l'éclairer et le convaincre, me
livrer à une étude rapide et sommaire dont il a
fini par être très-frappé.

Il est insensé, lui ai-je dit, de repro-
cher aux défenseurs du gouvernement impérial d'avoir, antérieurement à l'Empire,
appartenu à d'autres partis. L'Empire a
douze années d'existence; il y a vingt ans on
considérait son avénement comme très-impro-
bable, sinon tout-à-fait impossible. En dehors
de lui donc chacun était libre d'adopter toute
direction quelconque. A part quelques fidèles
octogénaires ou quelques généreux rêveurs,
personne en France ne croyait ou ne pouvait
croire à une restauration napoléonienne.

Cependant les événements ont marché; de
grandes crises se sont produites; de graves
périls ont été courus; le salut s'est providentiellement opéré; et le pays, pour se préserver contre
d'autres dangers menaçants, pour assurer son

avenir compromis, enfin pour témoigner sa gratitude à qui l'avait arraché à l'abime révolutionnaire, s'est groupé autour de Louis-Napoléon et lui a confié le pouvoir impérial.

Voilà l'histoire.

***

C'est ainsi que M. de la Rochejaquelein, un légitimiste ; M. Dupin, un oriéaniste ; M. Laurent (de l'Ardèche), un républicain, sont devenus les serviteurs dévoués et sincères du régime actuel, et que, dans une sphère infiniment plus modeste, je n'ai pas hésité à m'incorporer dans les rangs du nouveau parti, devenu le seul parti intelligent et fécond, le seul susceptible de réaliser le progrès, le seul en qui s'allient sans se contrarier l'autorité et la liberté, en un mot le parti national.

Mais le jour où, loyalement, sans arrière-pensée, sans ambition personnelle, dans la plénitude d'une parfaite indépendance, j'ai arboré le drapeau de l'Empire, ai-je donc abjuré quelqu'un des principes raisonnés et fermes de toute ma vie ? Non certes. Légitimiste la veille encore, je suis légitimiste le lendemain, et c'est à titre de légitimiste que j'ai accepté sans réserve la dynastie nouvelle.

Les révolutions s'étaient multipliées ; les catastrophes, en s'accumulant, avaient tout ébranlé ; les débris du trône gisaient épars sans que les représentants de l'antique royauté semblassent comprendre qu'ils avaient le devoir de les réunir pour en faire la sauvegarde de la France ; les races souveraines erraient dispersées sans qu'aucun de leurs membres s'occupât d'arracher au naufrage cette société haletante qui, privée de pilote, s'en allait à la dérive. Un homme paraît, avec le prestige d'un grand nom et l'auréole héréditaire de la gloire ; il commence par rendre des services considérables à son pays ; justifiant et bien au-delà la confiance que son initiative dévouée avait inspirée, il accepte le pouvoir que la nation lui offre par un vote unanime ; il gouverne avec la sagesse et relève la France de son abattement, de ses désespoirs et de ses hontes ; il donne à la nation, dégénérée pour ainsi dire, un lustre nouveau, une vie nouvelle, un incomparable éclat, avec la sécurité, la grandeur, la richesse, tout ce qui fait un peuple fort, puissant, heureux et respecté. Cet homme, n'est-il donc pas légitime ? Y a-t-il un cœur bien placé, un esprit sain, une raison sûre qui puisse lui refuser hommage, même au travers des regrets devenus stériles , des espérances renversées, des illusions déçues ?

Qu'on réponde.

...

Supprimez de l'histoire de 1848 le prince Louis-Napoléon, et dites ce qu'en 1864 pourrait bien être la France. On parlera de M. le comte de Chambord. Mais où était-il pendant nos malheurs, alors que nous attendions de la Providence un chef et un vengeur ? Celui-là était bien la vieille tradition ; mais Dieu ne l'avait pas marqué apparemment pour les grandes entreprises. Là-bas, dans son exil, sa noble infortune a droit à toutes les sympathies, à tous les respects ; cependant là s'arrête notre devoir envers lui ; et si, pour lui rendre un pouvoir qu'il n'a pu ni voulu conquérir, il faut absolument rompre avec le prince qui nous a sauvés et conspirer sa perte ; si, pour atteindre l'idéal impossible qu'on s'efforce de nous faire entrevoir, il faut détruire la réalité qui nous protége ; si, pour affirmer la légitimité disparue, il faut nier et briser la légitimité triomphante ; ah ! la conscience de l'honnête homme et du citoyen se soulève et s'insurge ; trop fière pour adorer une idole et trop sage pour demeurer sourde aux grandes leçons que les événements lui donnent, elle fait rayonner son indépendance toute entière, demeurant fidèle à elle-même, à la justice, à la gratitude, surtout à ce conseiller suprême qu'on appelle le bon sens.

La légitimité est un principe grand et respectable ; seulement il ne faut pas s'abuser sur son caractère réel et la chercher là où elle a cessé d'être. On l'a excellemment dit « les races royales sont des grands relais chargés de conduire l'humanité à travers les siècles. » Ces relais se succèdent, et il est à remarquer qu'ils précisent chacun une époque. Le relais mérovingien fixe la conquête et fonde laborieusement la monarchie sur le sol asservi par le glaive. Le relais carlovingien réconcilie le vainqueur et le vaincu, commence le progrès de la société gallo-franque, et fait habilement intervenir l'esprit chrétien dans l'œuvre de la civilisation nationale. Le relais capétien désarme et assujétit la féodalité ; il introduit dans l'ordre civil et politique un élément nouveau, le pays légal ; il détruit les priviléges et fait surgir du sein du servage le tiers-état, dont la tâche commence à se développer sous l'impulsion démocratique de de la royauté même. Enfin, le relais napoléonien marque l'unité nationale dans son sens le plus étendu et le plus sincère, le droit populaire dans son application la plus vaste, l'avénement universel de la France à l'existence civique, la participation réelle de la généralité aux avantages qui, à l'origine de la monarchie, avaient été le privilége du conquérant, aujourd'hui complétement confondu avec le conquis.

Voilà le progrès, voilà la marche incessante de la grande agglomération française vers le but qu'elle doit atteindre.

...

Ne méconnaissons les services d'aucune des puissantes races royales chargées providentiellement de diriger la France vers ses destinées ; mais remarquons qu'aucune d'elles n'a pu survivre à son œuvre, et que, quand l'heure des changements nécessaires au bien de tous a sonné, des révolutions se sont faites, d'où sont nés de nouveaux chefs et de nouveaux conducteurs.

Les relais se sont succédé sous l'œil divin; l'un a complété ia tâche de l'autre; mais ceux que le mouvement des choses a écartés ont été condamnés sans que leur retour fût possible.

Cependant deux fois Dieu sembla révoquer l'arrêt qu'il avait prononcé contre les Carlovingiens, au profit des Capétiens, comme il devait plus tard ramener transitoirement les Capétiens pour mieux établir la légitimité, la nécessité de l'intervention napoléonienne. Charles-le-Simple et Louis-d'Outre-Mer reprirent la couronne de leurs ancêtres ; mais ces restaurations ne furent à vrai dire que des apparitions. Les petits-fils de Pépin n'étaient plus en conformité de rapports avec le temps où ils vivaient. L'ancienne dynastie, qui avait brillé d'un vif éclat dans le passé, n'offrait plus rien de ce qui pouvait satisfaire la vie présente, rien de ce qui pouvait reconstituer sa force dans l'avenir; elle ne représentait plus la société. Aussi ses retours éphémères ne servirent qu'à justifier la sentence dont elle était frappée : elle dut céder la place et laisser rayonner l'astre du roi Hugues, élu à Noyon, pour continuer et agrandir les destinées nationales.

De quoi pouvaient se plaindre les Carlovingiens? Le pape Zacharie avait dit de leur glorieux ancêtre, substitué par la volonté des barons aux *fainéants* : « Celui-là est roi qui exerce réellement le pouvoir. » Cette parole sage et quasi-sainte leur fut opposée avec raison, et la légitimité des Capétiens commença.

Et si cela est vrai, après des siècles de fortune si diverse, après les défaillances de ceux-ci, les désordres de ceux-là, la gloire de beaucoup et l'infirmité de quelques-uns, est-ce que les derniers débris de la troisième race, dont l'œuvre est achevée, sont bien fondés à se plaindre et à crier à l'usurpation, quand une quatrième dynastie est librement choisie pour reprendre et poursuivre leur tâche ?

La loi, dure peut-être, mais nécessaire que leurs ancêtres ont imposée aux autres, ils la subissent. N'est-ce pas là le signe infaillible de la justice de Dieu ?

Ah ! soyons sincères , soyons équitables surtout ; envisageons les événements d'un regard calme, ne récriminons pas, n'essayons point de nous insurger contre des faits qui portent une marque supérieure à nos mesquins débats, et sachons nous convaincre, à la vue de tous les changements de dynasties qui s'opèrent, que, suivant le mot de Montesquieu « les rois sont faits pour les peuples, et non pas les peuples pour les rois. »

La race napoléonienne est sortie des entrailles de la nation ; elle a greffé son pouvoir sur la meilleure et la plus durable de toutes les gloires ; elle a passé par le creuset de l'adversité ; elle s'épanouit pour le bonheur de tous, initiant le monde à la connaissance du progrès et réglant la forme démocratique qu'a pris le mouvement social.

Voilà sa légitimité et voilà son labeur.

Les anciennes dynasties arrivant à leur heure, étaient légitimes aussi , et la France , cette France qu'elles ont tant contribué à faire, qui s'est agrandie avec elles et par elles, se souvient avec reconnaissance de leurs éclatants services aussi bien que de leur origine nationale ; mais n'y aurait-il pas aujourd'hui injustice et à la fois ingratitude à méconnaître le caractère sacré de l'avénement napoléonien, et à nier qu'il est la force nouvelle, la force inespérée de la patrie, après en avoir été le salut ?

...

Quand j'eus terminé,

— Vous avez raison, m'a dit Wolfgang en me serrant énergiquement la main ; c'est là qu'est la vérité, la loyauté, le bon sens, maître des hommes et des choses, comme parle Bossuet. Je ne l'avais pas soupçonné, et je vous sais gré de me le faire connaître. En dehors de là il peut y avoir et j'aperçois des dévouements individuels, des fétichismes enthousiastes, des fidélités touchantes ; il n'y a pas, on ne saurait rencontrer ce principe solide et réfléchi qui, supérieur aux événements, se survit toujours à lui-même, parce que, avec le cœur et l'esprit, il satisfait aussi la conscience.

XVIII

Tarbes, le 8 janvier 1864.

De Pau à Tarbes il n'existe pas encore de voie ferrée. Je n'en suis pas fâché. Un voyage en diligence présente infiniment plus d'intérêt et de distraction qu'un voyage en wagon. On voit plus et mieux; on s'appartient davantage; on a plus d'indépendance pour soi-même et plus d'aliments pour son imagination, à la condition toutefois qu'on aime le pittoresque et qu'on ne soit point trop avare de son temps. Assurément je ne suis pas l'adversaire du progrès, et j'apprécie très-fort les bienfaits de la locomotive, qui dévore l'espace et supprime les distances; mais il me semble que le plaisir du touriste est presque entièrement gâté par cette rapidité sans frein qui efface le paysage, éteint la couleur locale, brise le panorama et atrophie jusqu'à la pensée elle-même. Le moyen d'étudier et de rêver, s'il vous plaît, sur ces rails où vous vous sentez emporté sans que le regard puisse se reposer nulle part, sans que l'esprit puisse s'arrêter aux détails charmants d'un tableau à peine entrevu, sans que les méditations intimes de l'âme puissent s'alimenter au spectacle d'une splendeur trop vite disparue? Le chemin de fer vous transporte; il ne vous fait pas voyager.

Au galop de quatre chevaux basques, vifs, alertes, courageux et sûrs, nous traversons un pays vraiment superbe, coupé de mamelons aux flancs desquels la route court en se repliant dix fois sur elle-même ; puis nous tombons dans une vallée plantureuse, où les buissons sont faits de lauriers-palmes, qui de temps en temps laissent à leur sommet s'épanouir des roses.

Après quatre heures d'une route enchantée nous arrivons à Tarbes, — une ville bâtie en marbre, dans un pli de terrain au fond duquel murmure l'Adour, alimenté par une foule de petits torrents descendus de la montagne.

...

Comme cité, Tarbes n'offre rien qui intéresse, passionne ou saisisse ; mais c'est encore un lieu où l'on aimerait à reposer sa vie. L'air est pur, la campagne est riante et les habitants ont un air franc et bon qui séduit et qui charme. Et puis la ville est assise au pied des Pyrénées, cet amas inouï de montagnes que j'aperçois enfin et que je ne me lasse pas d'admirer.

Oui, ces Pyrénées que je cherche depuis long-temps, je les ai trouvées, Dieu merci. Ce n'était point un mythe, une chimère, une fiction : la réalité vaste, puissante, radieuse et formidable, je l'ai sous la main ; je l'embrasse du regard, étonné, frappé d'admiration, plongé dans un abîme de pensées vagues, de rêves sans horizon.

...

Ces montagnes, tant décrites et jamais dé-peintes, courent à d'effroyables hauteurs dans un espace d'environ quatre-vingts lieues, se dé-coupant en flèches de toute grosseur, en dente-lures de tout genre, en pains de sucre gigan-tesques, en doigts levés qui indiquent le ciel, en poings fermés qui menacent la terre, en figures

fantastiques d'hommes ou d'animaux. Elles affectent les formes les plus bizarres, les aspects
les plus imposants, les accidents les plus étranges.
Tantôt elles se détachent sur le bleu du firmament avec une netteté inconnue aux objets de la
plaine ; car dans leurs hauteurs suprêmes dont
rien ne trouble jamais la sérénité, l'air est sans
mélange. D'ailleurs, les grandes écharpes de
neige que l'hiver jette aux épaules des monts
isolent très-bien leurs profils. D'autres fois,
une armée de nuages vous barre accidentellement la vue. Vous les voyez galoper sur les
cîmes les plus humbles ainsi que des chevaux
effarés, — heurter un instant après le front insoumis des pics, — puis, se séparant comme
sous l'action d'une baguette magique, s'envoler
au plus haut des airs avec la vélocité d'un aérostat.

C'est là un tableau sublime qui fera à tout
jamais le désespoir du peintre et de l'écrivain.

Je ne m'essaierai pas certes là où tant d'autres, et des plus vaillants, et des plus ingénieux,
et des plus habiles, ont échoué.

Je suis allé heurter à la porte de la recette générale, où je croyais rencontrer M. du Commun du Locle, un financier qui cultive l'art avec amour, et dont Nantes, qui l'a vu naître, possède déjà une œuvre admirable de statuaire. Il a pour fils un homme d'un talent fin et gracieux, qui écrit d'une façon charmante et cause comme on ne cause plus. Ce jeune écrivain a été mon collaborateur ; il est encore mon ami, et je m'en applaudis.

M. du Locle achève pour sa ville natale une fontaine monumentale qui sera tout simplement une merveille. Si les receveurs généraux sont artistes avec succès, je demande que les artistes soient receveurs généraux avec opulence.

Je croyais trouver une main que j'eusse affecteusement serrée ; hélas ! c'était une espérance vaine. Depuis l'an dernier, celui que je cherchais à Tarbes a quitté les Pyrénées pour les Vosges ; il dirige à présent la recette d'Epinal. Tant mieux pour lui ; tant pis pour moi.

...

A un coin de rue j'ai rencontré une jeune

fille, élancée, rapide, élégante, vêtue d'une mante rouge bordée de noir, avec capuchon de même couleur, encadrant légèrement le visage. Sous ce vêtement on devinait des formes accusées sans être pleines, des contours solides sans être trop riches. Je ne sais pas si la femme était jolie ; mais, ainsi enveloppée, elle me sembla charmante.

J'arrêtai un passant pour lui demander ce qu'était cette apparition gracieuse.

— C'est une grisette, me répondit-il, qui a mis son capulet pour faire plus sa mignonne.

— Et ce vêtement rouge a-t-il une signification locale ?

— Aucunement. Vous en trouverez de bleus ou de blancs à Bagnères ; mais c'est de la fantaisie à l'usage des dames étrangères. Ici toutes les jeunes filles et les jeunes femmes le portent rouge ; les femmes âgées ou les veuves l'échangent contre une mante noire. Quant aux montagnards, vous les verrez tous couverts d'amples manteaux bruns, qui les garantissent contre le froid piquant des sommets et les raffales humides des vallées.

Tandis qu'il parlait je suivais de l'œil l'aimable fille, dont le capulet rouge disparut bientôt au détour de la grande place.

...

Sur cette grande place, où la curiosité me conduisit, plutôt que mon instinct de voyageur, je me trouvai en plein marché, au milieu d'une population nombreuse de montagnards. Le spectacle était animé et d'un aspect saisissant. Pour le décrire permettez-moi d'emprunter la plume de M. Achille Jubinal, un Basque du plus vif esprit, qui a tracé dans un livre heureusement inspiré le tableau des Pyrénées et de ses habitants :

« Il y a à Tarbes deux fois par mois ce qu'on appelle le *Grand Marché*. C'est un pêle-mêle d'hommes et de choses très-curieux malgré sa vulgarité. Dès le matin on y voit arriver de leurs villages les habitants de la montagne et de la plaine. Quelques-uns viennent de loin. Ainsi l'on y rencontre parfois le Basque avec sa fraîche carnation, son vêtement mi-partie espagnol, mi-partie français; — le Béarnais en berret bleu, avec sa longue chevelure qui nous reporte à la *Gallia comata*, ses larges guêtres, son parler sonore, sa face ouverte, vrai type de celle de Henri IV; — le Barégeois avec sa culotte courte, ses bas de laine , sa bérette conique sur la tête, enveloppé dans sa large cape à dentelures qui pendent comme autant de languettes. Plus loin, juché gravement sur un char à quatre roues dont les essieux crient et dont l'attelage est semblable à celui d'un roi fainéant, l'habitant de Bat-Souriguère ou des sept vallées du Lavedan, gagne lentement la place publique, dans l'attitude d'un vieux sénateur romain qui se rendrait au forum. Presque toujours aussi paraît, à cheval, la soutane retroussée, la cravache d'une main, le tricorne de l'autre, quelque bon curé des environs. »

•••

A la porte de la ville M. Fould possède et habite quelquefois, quand les choses de l'Etat lui permettent le luxe du repos, un ravissant petit cottage, qu'on appelle « le Chalet. » Vraiment, pour un banquier très-millionnaire, un ministre des finances de la première nation du monde, cette demeure est bien modeste, et je ne sais pas si de petits bourgeois de mon pays ou de piètres gentillâtres de ma connaissance, la jugeraient dignes d'abriter leur suffisance.

Comme dimensions, sinon comme style, le Chalet de M. Fould m'a rappelé la maison des Grésilières, où la mort cruelle vient de frapper, bien avant l'âge, M. Billault, — enlevant à la France un de ses meilleurs citoyens, à la tribune l'un de ses plus puissants orateurs, à l'Empereur son premier ministre et l'un de ses conseillers les plus sûrs, à ce temps l'un des plus honnêtes hommes qui aient honoré le maniement des affaires publiques.

···

J'avais l'honneur de beaucoup connaître M. Billault, qui, depuis quelques années surtout, me prodiguait les témoignages précieux d'une amitié dont j'ai quelque lieu d'être fier. Je suis l'un de ceux qui l'ont approché dans ses derniers jours, et, en le pleurant, je m'étais promis de consacrer une notice biographique à sa mémoire ; mais j'ai appris que son ancien chef de cabinet, M. Albert Huet, un esprit d'élite et un cœur d'or, se chargeait de ce soin pieux, et je m'abstiens. J'y ai regret sans doute ; mais je veux m'incliner devant un droit qui prime de beaucoup ce que je considérais comme un devoir.

...

J'étais tout enfant lorsque je vis M. Billault pour la première fois. Il était déjà l'un des maîtres de la parole au barreau de Nantes, et sa renommée venait de s'affirmer dans l'affaire judiciaire des trappistes de Meilleraye, où il avait pour adversaire un avocat très-distingué, M. Janvier, que j'ai connu plus tard député et conseiller d'Etat. Mon père, dans l'un des nombreux procès de presse qu'il eut à soutenir, alla lui demander de le défendre. M. Billault ne crut pas devoir se rendre à cette prière ; mais il s'excusa en des termes si aimables et si bienveillants que j'en fus frappé, presque ému. En sortant de son cabinet, fort modeste, mais déjà très-fréquenté, mon père me dit :

— Tu vois ce jeune homme. Par le travail développant une intelligence rare, il est arrivé, à vingt-cinq ans, à être un avocat déjà célèbre. Souviens-toi de lui : il sera un jour un homme politique distingué, un orateur d'élite, et, qui sait ? peut-être un grand ministre.

Je n'ai jamais oublié ces paroles, qui contenaient un horoscope destiné à se vérifier entièrement.

...

Bien des fois dans les luttes de la presse j'ai combattu M. Billault, dont les opinions, avant Février, n'étaient pas les miennes; mais j'ai toujours eu une vive sympathie pour sa personne et une sincère estime pour son caractère. Lorsqu'il m'a été donné de l'approcher, de lui parler, de l'étudier, de le comprendre, je l'ai respectueusement affectionné et cordialement admiré.

...

D'une taille au-dessous de la moyenne, il portait légèrement incliné un front vaste et ferme, tout chargé de pensées; son visage était séduisant; sa bouche fine souriait volontiers; son regard doux et vif à la fois avait une singulière éloquence; l'ensemble de sa physionomie attirait et charmait.

Les formes extérieures reflètent presque toujours et révèlent les qualités ou les défauts d'un homme; et, pour peu qu'on soit observateur.

sans beaucoup d'étude il n'est pas malaisé de démêler et de définir un caractère à la simple inspection d'un galbe ou d'un profil.

A première vue on aimait M. Billault; tout au moins, on se sentait attiré à lui. Le charme devenait complet lorsqu'il avait parlé. Sa parole, un peu sifflante, mais nette et d'une clarté merveilleuse, empruntait à un instinct musical très-développé, un timbre en même temps mélodique et sonore; elle changeait fréquemment de ton et se faisait tour à tour, c'est-à-dire suivant les sujets ou les circonstances, caressante, fière, railleuse, mais toujours honnête, mesurée et convaincue.

A la tribune, M. Billault était un orateur fécond, vigoureux, disert, plein de ressources, sûr de lui toujours et souvent puissant; dans la conversation, c'était le plus aimable causeur qui se pût rencontrer, et le plus spirituel. Interprète fidèle et inspiré de la pensée gouvernementale, on l'admirait alors que sa lèvre ferme et loyale développait éloquemment la grande politique de l'Empereur; mais c'est surtout dans le laisser-aller de l'intimité qu'on apprenait à le bien connaître et qu'on l'appréciait tout entier. A la Chambre, il s'imposait par le prestige d'un talent arrivé à sa maturité ; dans la causerie familière, il se signalait surtout par le trait, la grâce , la vivacité, la bonhomie et l'exquise délicatesse d'un langage toujours choisi. L'entendre, aux heures où il s'épanchait, était un véritable enchantement.

Et tout cela a disparu en une minute, sous l'effort foudroyant d'un impitoyable mal !

Dieu a quelquefois des décrets bien sévères.

***

Lorsqu'il est entré aux affaires, après décembre 1851, en qualité de président du Corps législatif, M. Billault possédait 4,500 francs de rentes. Lorsqu'il est mort, en octobre 1863, ministre d'Etat, après avoir été successivement ministre de l'intérieur deux fois et ministre sans portefeuille, on a trouvé dans sa succession 5,000 fr. de rentes.

En douze années, il avait économisé un capital de 10,000 fr., cet homme qui avait eu longtemps dans ses attributions les télégraphes et tout ce qui sert le plus sûrement à faire fortune !

A une époque où l'argent joue un rôle si actif

et si général, un tel désintéressement, un semblable oubli de ses propres intérêts, un si complet dédain des richesses, sont bons à signaler, comme un grand exemple, un puissant enseignement, un titre d'honneur, presque de gloire.

Quel héritage rare et précieux dans une famille !

***

Le Chalet de M. Fould est bâti tout en marbre gris des Pyrénées. Situé au fond de la vallée, les jardins qui lui font suite n'offrent aucun mouvement de terrain ; seulement au-delà de ces jardins s'étendent des prairies immenses, finissant là où commence la montagne, et dans lesquelles galopent une troupe de jeunes poulains aux jambes fines et nerveuses.

Au pied de l'habitation coule un torrent, mais un torrent bien sage, qui ne se dessèche pas l'été et ne déborde pas l'hiver, un torrent modèle qui orne merveilleusement le paysage sans être jamais un embarras, un ennui ou un danger.

XIX

Bagnères-de-Bigorre, le 10 janvier 1864.

De Tarbes à Bagnères j'ai repris la voie de fer, dont les rails accouplés sillonneront bientôt toutes les artères des Pyrénées. Mais je doute que ces petites sections contribuent beaucoup, par leur produit, à accroître les dividendes de la Compagnie du Midi. Nous étions jusqu'à deux voyageurs dans le train : l'un des deux ne payait que quart de place, comme militaire ; l'autre était porteur, comme journaliste, d'un permis de circulation. Total, 1 fr. 25 de recette. C'est un peu bien maigre. Enfin !

...

Comme Tarbes, Bagnères est bâtie en marbre gris et pavée en cailloux de l'Adour. Le marbre est le granit de ce pays, et les cailloux constituent la seule ressource qu'on ait pour consolider le sol de la rue. La ville est, avec cela, d'une admirable propreté, coquette, avenante, bien dressée et du plus gracieux aspect. Seulement on y entend sans relâche le murmure des nombreux torrents qui la traversent : la cour de l'hôtellerie où je suis logé, est incessamment lavée par deux ruisselets qu'alimentent les glaciers de la montagne ; au dehors je ne puis faire un pas sans rencontrer des rapides. C'est pittoresque, nouveau et très-amusant.

Du reste, on est ingénieux en cette contrée à utiliser les cours d'eau. A-t-on besoin d'une force motrice quelconque ? on s'empare du torrent voisin, qu'on détourne à son profit au moyen d'un lit factice en planches assemblées, et tout est dit. La nécessité change-t-elle ou s'épuise-t-elle ? on abandonne le torrent à lui-même sans y prendre plus de garde, et tout rentre dans l'ordre antérieur.

Il n'est pas de popularité mieux établie que celle dont jouit, dans le pays de Bigorre, M. Achille Jubinal, député de l'arrondissement. Lorsqu'on a su que j'étais lié avec cet honorable représentant du pays, toutes les mains se sont tendues vers moi, tous les visages sont devenus souriants, toutes les portes m'ont été ouvertes. A l'hôtel on ne me désigne pas par le numéro de la chambre que j'occupe : on m'appelle couramment « l'ami de M. Achille. » Pour qu'un homme soit tant chéri et si fort estimé dans la contrée où il est né; c'est-à-dire pour qu'il démente cette parole d'il y a dix-neuf siècles : « Nul n'est prophète en son pays, » il faut qu'il soit bien fort et que ses concitoyens soient bien vertueux.

***

Avant déjeuner ce matin j'ai voulu faire l'ascension du Bédat, uné montagne à la racine de laquelle la ville est assise. Il me semblait qu'en vingt minutes j'aurais atteint ce sommet, l'un des plus modestes de toutes les Pyrénées ; j'y ai employé un peu plus d'une heure et demie, tant les distances sont trompeuses à l'œil.

En quittant les Coustous pour gravir le Bédat,

on se dirige, à travers un labyrinthe qui doit être, durant l'été, plein de verdure et de mystère, vers la Fontaine ferrugineuse, au-dessous de laquelle bouillonnent les Fontaines thermales. De ce labyrinthe, qu'on atteint par des pentes successives et adoucies, on embrasse tout-à-coup du regard la merveilleuse vallée de l'Adour. A droite, le premier site qui frappe, véritable cap avancé, c'est le Camp de César, ancienne station romaine qui pouvait contenir quelques mille hommes. On y remarque plusieurs débris des portes décennaire et consulaire.

En face, de l'autre côté de la vallée, un philosophe dont j'ignore le nom, a fait construire, dans une gorge aride appelée la Sierra, une sorte de châtellenie admirablement située, au fronton de laquelle ont été tracés ces mots : *Parva sed alta.* De là, comme du haut d'un fort, il voit passer à ses pieds le monde et ses orages, et il contemple à son aise le Pic du Midi, qui surplombe toute la contrée, comme un menaçant obélisque.

Entre le Camp de César et la Sierra, la vallée de l'Adour est assez resserrée. Un peu plus loin elle s'étend, s'élargit, se développe et arrive à se transformer en une vaste plaine au bout de laquelle on aperçoit les clochers de Tarbes. Dans l'intervalle on distingue, égrenés çà et là, une foule de villages aux toits rouges, aux églises pittoresques, dont quelques-unes sont encore garnies de créneaux.

Mais le tableau change si l'on se retourne pour reprendre l'ascension interrompue. Alors ce n'est plus la plaine que l'on contemple : c'est le sombre amphithéâtre des monts ; ce sont les premiers gradins de la grande scène. L'on voit les collines s'élever par étages les unes au-dessus des autres, gonfler leurs croupes au point de les rendre énormes, arrondir leurs contours, amaigrir leurs cimes, les dresser vers la nue comme autant de langues de pierre, et se terminer tout-à-coup (du moins la plus haute d'entre elles) par une sorte de casque formé d'un immense rocher. Ce rocher, c'est la Penne de Lhéris. Il sert de dôme à une verdoyante montagne couverte de féconds pâturages enclavés dans de vieilles forêts, et qu'embaument à la fois tous les nombreux produits de la flore pyrénéenne ; c'est le Jardin des Plantes de Bagnères.

Un étroit sentier circule autour du Bédat. Ce sont les Allées dramatiques.

De là encore on possède un admirable tableau.

En face sont les Palomières, qui bornent la vue ; mais retournons-nous : la plaine de l'Adour s'étend de beaucoup au-delà de Tarbes, et nous plongeons à travers les brumes et les vapeurs de l'horizon aussi loin que l'œil peut porter.

Un pas encore et l'on avise d'un côté l'Elysée Cottin, de l'autre le frais vallon du Salut.

Montons encore un peu et nous jouirons d'un bien autre spectacle. Du haut du Bédat, de Castel-Mouly et du Monné, l'horizon n'existe plus. Des pitons sans nombre se dressent et surgissent autour de nous. A nos pieds est la vallée de Lesbonne, couronnée de pics affreux, de crêtes décharnées, d'aiguilles menaçantes. Du milieu de cet entassement de montagnes se détachent comme des géants, fièrement assis sur de puissantes racines, sur des bases inébranlables, les dominateurs de ces lieux, le Pic du Midi et le Mont-Aigu.

Quels abîmes nous séparent de leurs faîtes ! Que de rochers à franchir pour arriver seulement au *cirque*, couvert de neige, qui se déroule aux flancs du premier de ces colosses ! Des touristes audacieux ont, il y a quelques années, tenté l'ascension de ce côté-là. Ils réussirent à arriver au sommet du vieux Titan ; mais au prix de quels périls !... L'un deux affirmait, une fois descendu, qu'à plusieurs reprises il avait cru que ses compagnons et lui ne reverraient jamais Bagnères. Et puis, que de torrents ! que de sapins ! que de fissures verdoyantes à travers ces masses immenses ! que de prairies chargées de bétail, dont les sonnettes agitées sans cesse troublent pittoresquement le repos de ce paysage de pierres !... C'est l'Arcadie au milieu de la France ; c'est la vie pastorale en face du désert et de la désolation ; c'est le bonheur peut-être...

Du haut du Monné la vue se porte également sur de lointaines montagnes. La seconde chaîne pyrénéenne se révèle au touriste dans sa formidable ampleur ; les glaciers de la Clarabide, de la Pez, de l'infranchissable Maladetta elle-même, apparaissent.

***

L'aspect des montagnes est spendide, mais prodigieusement froid. Le cœur ne s'y ravive point, non plus l'esprit. On l'admire, mais l'on n'y saurait méditer. Cette immobilité éternelle irrite, au lieu de satisfaire ; elle laisse l'âme incertaine et flottante, loin de la fixer et de l'affermir.

La vue de la mer, agitée ou paisible, mais où le mouvement ne cesse jamais, éveille infiniment plus de pensées et soulève des émotions plus fortes. Devant cet horizon immense au-delà duquel le regard perçoit l'inconnu de l'infini même, on trouve le rêve éperdu, la foi réchauffée, le sentiment d'un vaste idéal, la contemplation profonde et instinctive, la prescience d'un monde parfait, l'instinct de l'adoration ; pour tout dire d'un mot, l'idée triomphante de Dieu.

...

Mais que parlé-je de foi en ce moment, où les croyances s'affaissent sous l'effort combiné de leurs défenseurs imprudents et de leurs implacables adversaires! Que parlé-je de Dieu quand les libres penseurs le destituent et le suppriment !

La foi, c'est une puérilité gênante, banale, pleine de rides, dont on n'a pas manqué de faire justice et d'affranchir notre vie ; Dieu, un démolisseur l'a dit, « c'est le mal. » Mettons-nous au niveau du progrès et ne croyons plus, n'adorons plus, ne prions plus. Mais que nous restera-t-il pour nous consoler, nous fortifier, nous servir à la fois de conducteur, de stimulant, de règle et de frein? Il nous restera, parbleu, la lecture des journaux, — ceux qui ont compromis la religion dans les débats amers de la presse périodique, sous prétexte de la rendre plus facilement et plus sûrement victorieuse; ceux aussi qui font profession d'athéisme et prêchent sans contrainte l'abolition de tous les cultes.

Oui, ces choses se passent, et, par une misérable équivoque, l'on ose prétendre que la presse n'est pas libre!

Elle n'est pas libre. Eh bien! en vérité, je cherche vainement la liberté qui lui manque; mieux que cela, je ne rencontre pas une seule licence dont elle n'use et n'abuse. Et c'est le mauvais; parce qu'au bout de ces polémiques ardentes, il est infaillible qu'il se rencontrera ou un nouveau désastre social, ou un nouveau recours à la force. D'un côté est le péril; il faut bien que de l'autre soit le salut. Mais combien il serait plus sage, pour ne pas être contraint un jour d'employer les voies du salut, de ne pas laisser se développer le péril!

Soyons sincères: la liberté de la presse existe partout — excepté dans la loi. Or, si l'on ne veut pas modérer la liberté, on doit supprimer la loi. Si on ne veut pas supprimer la loi, on doit modérer la liberté. Là dedans il n'y a pas de milieu. Je ne dis pas lequel il faut choisir ; mais j'affirme qu'il faut choisir. Quand nous avons des armes, servons-nous-en pour nous défendre ; si nous dédaignons de nous protéger et de nous garantir, brisons-les, tout au moins déposons-les. Toutes les généreuses tolérances d'à-présent tournent contre le gouvernement ; aucune ne lui profite. Qu'il les abolisse donc, ou bien qu'il proclame nettement que toute entrave à la liberté de la presse a cessé d'être. S'il se décide pour ce dernier système, c'est-à-dire s'il met en pratique dans tout son développement la théorie de M. Emile de Girardin, un phénomène ne tardera pas à se produire : la presse ne pourra guère être plus injuste ou plus agressive qu'aujourd'hui ; mais l'opinion, émue, étonnée, effrayée des exagérations inévitables de quelques écrivains malfaisants, demandera bientôt à grands cris que le pouvoir ressaisisse les rênes et serre de nouveau le mors. Cela arrivera infailliblement, et l'équilibre intérieur, menacé peut-être, se trouvera tout-à-fait rétabli. La France est lasse de révolutions ;

mais elle caresse volontiers ceux qui les font, sauf à les maudire s'ils réussissent. Elle prend une sorte de plaisir secret à danser sur les volcans, et ne s'arrête que si elle se voit tout près de l'abîme. Eh bien ! de peur qu'elle n'y tombe quand les admirateurs de Robespierre, de Mazzini et de Ledru-Rollin l'y poussent, il ne serait pas mal à propos de lui en faire sonder un peu les profondeurs. Pour cela, la liberté de la presse est un expédient très-rapide et très-sûr. Qu'on y ait recours une bonne fois, et le pays flagellera rudement de lui-même les méchants qui prétendent l'envelopper dans leurs projets criminels.

...

Mais je m'égare. Sans le vouloir, je m'abandonne au courant de la politique militante. Écartons-nous-en bien vite et revenons à nos montagnes.

...

Demain, j'irai visiter la riante vallée de Campan, l'une des merveilles de ce pays. En attendant, je veux vous parler d'une grotte qu'on rencontre non loin de Bagnères, et qui mérite une mention. On pénètre dans cet antre en rampant et sous la conduite d'un guide. Il y a là des stalactites qui sont très-curieusement travaillées par le hasard, ce divin artiste. Celles-ci représentent des têtes d'hommes et de femmes ; celles-là des orgues, des chandeliers massifs, des chaires à prêcher. On dirait un palais de fées, tant cela est ciselé avec finesse, fouillé avec art et percé à jour. C'est à peine si les belles ouvrures du moyen-âge pourraient rivaliser avec ces chefs-d'œuvre si délicats et si parfaits.

D'où tout cela procède-t-il ? Insondable mystère.

...

Près de là se trouve le prieuré de Saint-Paul, où se réfugia jadis l'abbé de Torné, ce prêtre qui manqua son siècle, car il aurait dû naître sous le coadjuteur de Retz, à l'époque du roi des Halles et de madame de Motteville.

« C'est dans ce lieu si frais, si enchanteur encore aujourd'hui, bien que la révolution ait passé par là, que ce sybarite, qui avait su y réunir tous les agréments et toutes les jouissances de la nature, se retira pendant plusieurs années, dit un chroniqueur.

» Singulière histoire que celle de cet homme singulier ! — Ami intime du prince de Conti, — protégé de l'évêque de Senlis, Roquelaure, — poussé par madame de St-Julien, femme d'un receveur général, assez dissolue, — lancé enfin dans cette société de ruelles qui sentait l'ambre et le musc, le jeune séminariste de Torné, jusque-là homme de plaisir et de futilités, changea de mœurs tout-à-coup.

» Un matin, le voilà devenu austère prédicant de morale et de liberté, et, semblable à Cazotte, il se met à prophétiser à toute la vieille cour en talons rouges, le terrible sort qui la menace et l'attend. Ce fut alors par la ville une étrange sensation ; on en parla le soir même à l'Œil-de-Bœuf et à l'Opéra. Le lendemain, il était célèbre dans tout Paris.

» Mais bientôt voici 1789 qui accourt, démantelant la Bastille d'un seul coup. L'abbé de Torné se bat d'abord ; puis, il conduit le menuet sur cette place où l'on avait écrit : *Ici l'on danse.* Enfin, il devient évêque constitutionnel ;

il se marie ; il divorce ; il prend chaque jour de l'opium ; il adore la Raison, signe de *son sang* des certificats de civisme, et termine sa longue carrière par l'achat d'un moulin à farine, près de Tarbes, afin de devenir, répétait-il en souriant, d'*évêque meunier*. »

A cette heure, la solitude seule et les troupeaux habitent ce qui reste du prieuré... Parfois aussi quelque touriste y vient traîner sa curiosité, quelque rêveur y vient promener son désœuvrement, en agitant dans son âme inquiète les problèmes insolubles de la vie.

XX

Bagnères-de-Bigorre, le 11 janvier 1864.

En allant visiter la vallée de Campan, bien digne de la réputation aimable et charmante qu'on lui a faite, je me suis, au milieu du village de Baudéan, trouvé tout-à-coup en pays ami.

Sur une maison de modeste apparence, mais d'une irréprochable propreté, et au sommet de laquelle plane le signe rédempteur de l'homme, mon regard surpris a rencontré deux inscriptions qui m'ont ému en me causant une joie profonde.

La première de ces inscriptions est ainsi conçue :

ICI EST NÉ, EN 1766,
LE BARON LARREY
CHIRURGIEN EN CHEF DES ARMÉES
IMPÉRIALES.

« C'est l'homme le plus vertueux que j'aie connu. »

Testament de Napoléon.

Voici la teneur de la seconde :

ASILE-ÉCOLE
FONDÉ EN MÉMOIRE DE SON PÈRE
PAR LE BARON H. LARREY,
Inspecteur, membre du Conseil de Santé des Armées,
CHIRURGIEN DE S. M. NAPOLÉON III.

A SON BIENFAITEUR
LA COMMUNE DE BAUDÉAN RECONNAISSANTE.
4 août 1859.

...

Vouer la maison paternelle à la charité, c'est le meilleur moyen de la prémunir contre les

coups destructeurs du temps et des hommes;
c'est le plus sûr procédé pour la faire se survivre à elle-même ; c'est l'expédient le plus
infaillible pour achever de l'ennoblir.

*

Je n'ai pas connu personnellement le baron
Larrey père , l'un des types les plus remarquables de ce siècle; mais je suis heureux de
me trouver depuis longtemps en relations
suivies et affectueuses avec le baron Larrey
fils , qui , pour porter dignement le poids
glorieux d'un nom illustre, y a ajouté l'éclat
de ses propres services. Aussi, il me semble
que je suis un peu chez moi dans cette maison
bénie , dont je veux vous faire les honneurs
en vous entretenant de l'homme éminent qui y
a vu le jour.

***

« Si l'armée, disait Napoléon Ier, élève une
colonne à la reconnaissance, elle doit l'ériger
à Larrey. » L'armée a , depuis longtemps ,
accompli ce pieux devoir, et les corps savants

dont Larrey faisait partie n'ont pas voulu rester étrangers à cette œuvre : le 9 août 1850, une statue du grand chirurgien était inaugurée, dans la cour d'honneur du Val-de-Grâce, au milieu d'un immense concours de notabilités représentant l'armée, les sciences, la politique et l'administration. Des discours remarquables furent prononcés alors, après lesquels M. Dupin prit spontanément la parole au nom de la France, et finit son improvisation patriotique par ces mots, couverts d'unanimes et bruyantes acclamations : « Larrey a bien mérité de l'armée, bien mérité de la science, bien mérité de la patrie. Je salue sa gloire : il a bien mérité de l'humanité. »

Un des biographes de Larrey disait, en 1841 : « Quand les populations auront compris ce qu'elles doivent à ceux qui passent leur vie à faire le bien, et qu'un monument sera élevé avec cette inscription : *Aux hommes utiles la patrie reconnaissante*, Larrey pourra dire sans orgueil : Ma place est marquée là. »

Tarbes inaugurera, au moins d'août prochain, une autre statue de Larrey, qui dira à la postérité combien ses concitoyens des Hautes-Pyrénées sont fiers de sa gloire.

⁂

C'est à Baudéan, dans la modeste maison dont je vous ai parlé, que naquit, le 8 juillet 1766, il y aura bientôt un siècle, Jean-Dominique Larrey.

Sans m'arrêter à l'histoire laborieuse de ses premières années, j'arrive de suite au premier grand fait qui signala sa vie de chirurgien militaire.

La guerre vient d'éclater : Larrey part, avec le grade d'aide-major, en 1792, pour Strasbourg, où se trouvait alors le quartier général de l'armée du Rhin, commandée par le maréchal Luckner, remplacé successivement, dans son commandement, par Kellerman, Biron et Custine, qui ouvrit enfin la campagne et s'empara presque aussitôt de Spire, après une courte résistance.

Les règlements plaçaient alors les ambulances à une lieue de l'armée combattante, et les blessés restaient sur le champ de bataille jusqu'après le combat; ils erraient souvent à l'aventure, et n'arrivaient à l'ambulance, pour y recevoir le premier pansement, que 24 ou même 36 heures après avoir été atteints ; les blessures s'aggravaient et beaucoup de blessés mouraient, faute de soins administrés à temps. Larrey fut frappé de ces inconvénients. Laissant en bon état, dans un vaste couvent, les blessés de Spire, il arrive le 18 octobre, avec Custine, sous les murs de Mayence, qui tombe presque aussitôt au pouvoir du général français.

Le général Houchard, surpris par les Prussiens à Limbourg, fut obligé de battre en retraite. L'éloignement de l'ambulance ne permettant pas de porter secours aux blessés, ils tombèrent entre les mains de l'ennemi. Ému de ce douloureux événement, et songeant au défaut d'organisation qu'il avait signalé après le combat de Spire, Larrey résolut de porter remède au mal, en modifiant le système des ambulances.

Déjà le chirurgien en chef Percy avait inventé un caisson renfermant les objets nécessaires aux opérations et aux pansements, et sur lesquels les chirurgiens et les infirmiers pouvaient être transportés pour aller relever les blessés sous le feu de l'ennemi. C'était là déjà un progrès ; mais les voitures de Percy ne remédiaient qu'à une partie des inconvénients de l'ancien système.

Prenant les choses de plus haut, et sans crainte de toucher à la base même d'un édifice mal assis, Larrey propose et fait adopter un système nouveau et complet d'ambulances, système qui se plie admirablement à toutes les combinaisons du commandement, à toutes les exigences administratives. Les ambulances *volantes* sont créées. Avec elles, les secours sont prompts, sans nuire au mouvement des combattants; elles pénètrent partout, même au besoin jusqu'au terrain le plus rapproché des lignes de bataille, pour aller recueillir les blessés, au moment où ils viennent de tomber.

En 1797, le général Bernadotte appelle en toute hâte Larrey au Frioul, pour y combattre une épidémie, qui frappait à la fois les hommes et les animaux. Bonaparte arrive presque en même temps que lui. Larrey fait manœuvrer en sa présence l'ambulance volante du corps d'armée de Bernadotte; Bonaparte lui adresse ces paroles en présence de son état-major : « Votre ouvrage est une des plus heureuses conceptions de notre siècle; il suffira à votre réputation. »

A la première bataille devant Alexandrie, les ambulances volantes firent merveille. Après la bataille d'Aboukir, en présence de Bonaparte, Larrey amputait le bras droit au général Fugières, qui offrit au général en chef un magnifique damas en lui disant : « Désormais je ne pourrai plus m'en servir. — Je l'accepte, reprit Bonaparte, mais pour le donner à celui qui vous a sauvé la vie. » Cette arme, précieuse à plusieurs titres, sur laquelle ces mots : *Aboukir* et *Larrey* étaient gravés, le baron Larrey ne la quitta qu'à Waterloo, où il fut blessé, pillé et fait prisonnier.

...

Je ne saurais reproduire la biographie toute entière de cet homme illustre. C'est à peine si je puis en détacher quelques traits principaux.

L'ordre de la Légion-d'Honneur venait d'être institué pour récompenser tous les genres de mérite ; Larrey en reçut les insignes de la main de l'Empereur, à la première distribution, et Napoléon, en les lui remettant, lui dit : « Cette récompense est bien méritée. » Peu de jours après, il était nommé inspecteur général du service de santé des armées.

En 1807, à la bataille d'Eylau, la tête nue

et les pieds dans la neige, Larrey opérait sous le feu de l'ennemi, sans souci des balles et des boulets ; l'Empereur, parcourant le terrain, l'aperçoit. Le lendemain, Napoléon, passant auprès de l'ambulance, retrouve Larrey qui, depuis la veille, n'avait pas encore quitté ses blessés. Il le nomme, sur-le-champ, commandeur de la Légion-d'Honneur.

Dans l'île de Lobau, la viande, le sel et les marmites manquaient pour faire du bouillon aux malades. Larrey fait remplacer la viande de boucherie par celle de ses chevaux, qu'il ordonne d'abattre, le sel par de la poudre à canon et les marmites par des cuirasses. Ce régime dura trois jours ; le maréchal Masséna trouva le bouillon excellent, et les malades ne furent pas privés de ce précieux aliment.

En 1812, Napoléon préparait la campagne de Russie ; Larrey en fut nommé chirurgien en chef, et, de concert avec l'illustre Desgenettes, il organisa un service de santé en rapport avec l'importance de l'expédition.

La grande armée entre en campagne. A Witepsk, le linge manque aux ambulances : Larrey donne le sien. A Smolensk, le linge et la charpie sont insuffisants pour les 6,000 blessés à panser : Larrey remplace la charpie par l'étoupe de coton du bouleau, et le linge par le papier des archives de la ville.

Le 5 septembre, il donnait à son personnel, réuni autour de lui, des ordres et des instructions de nature à faire pressentir une grande bataille. Le 7 au soir, il y avait, sur le champ de bataille de la Moskowa, 60,000 Russes mis hors de combat, et, de notre côté, 40 généraux tués ou blessés, 9,000 hommes tués et 20,000 blessés. Beaucoup de blessés russes furent transportés à nos ambulances. Larrey n'avait avec lui que trente-six chirurgiens. Trois jours suffirent à peine pour l'application du premier pansement à toutes les blessures. L'homme que M. Thiers appelle, à bon droit, « un véritable héros d'humanité » resta à Kolotskoï, au milieu des blessés, tant que sa présence y fut indispensable.

« Larrey, dit M. Thiers, pensait que l'armée pouvait passer l'hiver à Moscou ; son avis ne devait pas prévaloir ; une retraite, à jamais mémorable, en fut la conséquence. La retraite décidée, Larrey accourt à Kolotskoï, fait enlever les blessés transportables, prodigue aux autres les dernières ressources de son art, et, trouvant là plusieurs officiers russes qui lui devaient la vie et qui se pressaient autour de lui pour lui témoigner leur reconnaissance, il leur dit : « Pour toute récompense, donnez-moi votre parole que vous rendrez à mes compagnons d'infortune que nous allons déposer entre vos mains, le bien que vous avez reçu de moi. » Tous le promirent, et je connais assez les sentiments nobles et élevés des officiers russes pour pouvoir affirmer qu'ils ont tenu leur promesse. »

Le baron Larrey avait traversé la Bérésina avec les débris de la garde : il était sauvé. Mais, s'apercevant que les instruments de chirurgie, indispensables aux blessés, étaient restés à l'autre bord, il s'échappe, malgré les efforts de ses amis pour le retenir, se précipite sur le pont et parvient à le franchir sans savoir lui-même comment. Le pont se brise : le retour paraissait impossible. Nos pontonniers le rétablissent cependant; Larrey tentait vainement d'en approcher : la foule, surexcitée, renversait tout sur son passage. Il allait payer de sa vie son noble dévouement, lorsque quelques grenadiers le reconnaissent au moment

où les forces étaient sur le point de l'abandonner; ces braves, heureux de protéger celui
qui les avait sauvés, le prennent dans leurs
bras, et le déposent sur le pont qui le ramène à
la rive hospitalière.

Nos soldats de Lutzen et de Bautzen voyaient,
en général, le feu pour la première fois, et,
après chaque combat, les blessures aux mains
étaient plus nombreuses que de coutume. On
dit à l'Empereur et on lui fit croire que ces
blessures étaient volontaires. Indigné d'abord
et puis inquiet, Napoléon exprima ses sentiments
avec tant de conviction et d'énergie que personne n'osait le contredire. Un blessé sur dix
devait être fusillé; la terreur régnait dans
les ambulances. Larrey, convaincu de la
fausseté de cette grave accusation, déclare que
les mutilations des mains ne sont pas volontaires et le dit hautement à l'Empereur, en lui
demandant une enquête. « Allez, Monsieur,
s'écrie Napoléon avec aigreur; vous me ferez
vos observations officiellement; allez remplir
votre devoir. » L'enquête était accordée, et

elle se fit avec rigueur, en présence de cinq chirurgiens, d'un officier supérieur et d'un capitaine de gendarmerie, dans les bâtiments de la douane, à un kilomètre de Bautzen. Les blessés suspects étaient au nombre de 2,600. L'enquête terminée, Larrey se rend auprès de l'Empereur. « Eh bien ! monsieur, lui dit Napoléon, d'un ton irrité, persistez-vous encore dans votre opinion ? — Je fais mieux, Sire : je viens la faire partager à Votre Majesté. Ces braves enfants sont indignement calomniés. Je n'ai pas trouvé un coupable. De nombreuses liasses me suivent : Votre Majesté peut en ordonner l'examen. — C'est bien, monsieur, je vais m'en occuper. »

Après avoir pris connaissance des documents de l'enquête, l'Empereur revient auprès de Larrey, qui l'attendait avec une calme anxiété. Napoléon, le regard fixe et pénétrant, la tête penchée sur la poitrine, passant et repassant devant lui, parcourt plusieurs fois le salon, à pas précipités. Il s'arrête enfin brusquement en face du chirurgien, qui attendait, lui prend les mains, l'embrasse et lui dit en s'éloignant brusquement : « Adieu, monsieur Larrey ; un souverain est bien heureux d'avoir auprès de lui un homme tel que vous. On vous portera mes ordres. »

...

Ainsi qu'on l'a dit , le baron Larrey est l'expression la plus haute et la plus complète de la chirurgie des batailles; il en résume tous les devoirs, toutes les vertus. Son esprit, pratique et fécond en ressources, parvenait toujours à faire face à tous les événements. Son corps, plus infatigable que celui du plus robuste soldat, résistait aux plus dures épreuves. La fermeté de son âme s'alliait admirablement à la bonté inépuisable de son cœur. Son activité physique était toujours au niveau de son dévouement ; et, vivant au milieu des blessés et des malades, il faisait, au besoin, le sacrifice de son existence pour conserver la leur.

Ses Mémoires de chirurgie militaire démontrent qu'il s'est trouvé à plus de soixante batailles rangées et de quatre cents combats, dans lesquels il a reçu plusieurs blessures plus ou moins graves, en pansant les blessés, sur la place même où ils avaient été frappés.

Si Larrey eût appartenu aux temps anciens, il

aurait dignement figuré parmi les hommes illustres de Plutarque.

Ambroise Paré des temps modernes, il doit être regardé comme l'organisateur de la chirurgie militaire en France, et cette organisation a servi de modèle à celle de la plupart des armées européennes.

***

Napoléon honorait Larrey de son estime, de son amitié et d'une confiance sans bornes. Son nom est inscrit sur l'Arc-de-Triomphe, à côté des plus illustres généraux de la première République et du premier Empire. L'Empereur fit plus : sur son rocher de Sainte-Hélène, livré à ses plus profondes méditations, il inscrivit sur son testament le nom de Larrey, avec ces mots qui valent mieux que tous les titres :

« C'est l'homme le plus vertueux que j'aie connu. »

***

Le baron Hippolyte Larrey, fils de celui que le premier Empereur caractérisait ainsi, est, je vous l'ai dit, digne d'un tel père. Comme lui, c'est le meilleur des hommes, et le plus honnête. Comme lui, c'est un chirurgien d'une habileté rare, un administrateur sûr, vigilant et dévoué scrupuleusement à tous les devoirs.

Nommé, en 1859, médecin en chef de l'armée d'Italie, il accompagna l'Empereur pendant toute la campagne, comme chirurgien de Sa Majesté, en dirigeant, dès le début, tous ses efforts vers les moyens hygiéniques les plus propres à garantir l'armée de l'invasion des épidémies et surtout des désastres du typhus, sous la double influence de la chaleur extrême et des marches forcées. Il obtint, à cet effet, de l'administration militaire et des autorités civiles, la dissémination des malades et des blessés dans les ambulances, la création d'une multitude d'hôpitaux improvisés dans tous les établissements publics, casernes, colléges, écoles, séminaires, couvents, jusqu'aux églises mêmes ; l'évacuation enfin régulière et proportionnelle de tous les convalescents, les uns en état de rejoindre leurs corps, les autres ayant besoin de rentrer en France. C'est ainsi que furent heureusement prévenues les redoutables conséquences de l'encombrement.

Le médecin en chef avait, en même temps, intrépidement donné aux officiers de santé de l'armée l'exemple du dévouement le plus actif devant l'ennemi ; car, à la bataille de Solferino, sous les yeux mêmes de l'Empereur, il faillit être atteint par un coup de feu, qui blessa son cheval dans le poitrail.

...

Ce cheval s'appelait Tony et appartenait aux écuries de l'Empereur. Lorsqu'il fut frappé par le plomb ennemi, le brave animal tressaillit, mais ne bougea pas. Le baron Larrey, occupé de la bataille, ignorait que son cheval fût blessé. Le général de Montebello et le colonel Reille l'avertirent aussitôt, pour qu'il mît pied à terre ; à leur voix, l'Empereur lui dit : « Larrey, descendez vite : votre cheval est blessé. » Le chirurgien en chef sauta à bas de sa monture, reconnut aussitôt une large plaie d'où le sang s'échappait avec abondance, menaçant le cheval d'une mort prochaine. Le baron Larrey s'empressa d'arrêter l'hémorragie par une compression immédiate, à l'aide d'une suture improvisée ; et, après avoir assuré sa guérison définitive, il eut la satisfaction de monter Tony à la rentrée des troupes à Paris.

***

Demain, nous reparlerons vallées et montagnes, torrents et crevasses, pics et glaciers. Laissez-moi toutefois constater que la population qui vit aux flancs de ces monts altiers, est en général triste, chétive et malsaine. Est-ce le vent ? Est-ce la température sans cesse variable ? Est-ce la neige ?

XXI

Bagnères-de-Bigorre, le 12 janvier 1864.

Je vous ai promis, un jour, de vous parler de M. Émile de Girardin, avec qui je me suis trouvé autrefois en relations. Engagement téméraire ! A présent je m'aperçois que je n'ai rien à vous dire de cet habile journaliste qui ne soit connu déjà.

M. Émile de Girardin est fort accueillant. Son logis n'a pour ainsi dire point de portes closes, et l'on y entre presque comme on veut, quand on y a été introduit une fois. Il cause volontiers et beaucoup ; et, quand on lui tient tête, la conversation, sans sortir toutefois des bornes permises, arrive jusqu'à la dispute. Comme tous les hommes à système, il est très-absolu et prétend avoir raison contre la raison elle-même. Il s'efforce d'imposer ses opinions à ses contradicteurs, et a recours alors à des artifices de langage d'une espèce assez rare, à des procédés qui n'ont rien de commun avec la grande éloquence sans doute, mais dont on ne saurait nier la valeur ingénieuse. Du reste, il a foi en lui-même — on pourrait presque dire en lui seul ; et il s'étonne très-sérieusement que ses destinées politiques n'aient point dépassé l'horizon du journal auquel il fournit depuis si longtemps une « idée chaque matin ; » il s'irrite de ne pas être un rouage actif dans la machine gouvernementale, et de ne pas occuper l'unique ministère qu'il a pendant si longtemps proposé de substituer à ceux existant aujourd'hui.

D'ailleurs homme de formes charmantes, quoiqu'un peu brusque, mais d'une brusquerie aimable et point brutale, il aime la controverse, la sollicite, y pousse même, et semble avoir grand plaisir à ce qu'on ne soit pas de son avis, parce que cela lui donne matière à développer ses théories. Les années qui ont passé sur son front presque sans y laisser de rides, n'ont pas corrigé sa plume de journaliste, toujours téméraire et paradoxale ; mais elles n'ont pas

non plus rembruni son esprit, invariablement
jeune, vif, plein de ressort, riche en ressources,
et nourri encore d'illusions sans bornes. Si je
voulais être sévère, je dirais que l'expérience
n'existe pas pour lui ; c'est-à-dire qu'il a
conservé toutes ses chimères et qu'il affectionne
passionnément les écarts de ses premiers jours.
L'homme chez lui ne semblant pas encore arrivé
à la période de la maturité, on peut lui appliquer
en toute justice le mot fameux de Châteaubriand :
« Il vieillit dans son enfance. »

Ne vient-il pas de résumer ainsi son pro-
gramme en matière de liberté :

« Aux gouvernants le droit de tout faire.

» Aux gouvernés le droit de tout dire. »

Et il ajoute, pour compléter sa pensée :

« Avec le droit de tout dire pour contre-
poids, le droit de tout faire ne serait pas à
craindre ; avec le droit de tout faire pour contre-
poids, le droit de tout dire ne serait pas à
redouter. »

Allons de suite au but et disons net qu'un pareil système constituerait le pire désordre. Son
premier effet serait d'amener entre les gouvernants et les gouvernés une lutte sans rémission,
qui aboutirait infailliblement à l'oppression ou

à l'anarchie. Entre ces deux extrêmes, il n'y a pas de milieu. C'est en vain que l'on parle de pondération et d'équilibre : un plateau de la balance doit toujours emporter l'autre. Mettez-les aux prises, « tout faire » triomphera de « tout dire, » ou bien « tout dire » égorgera tout faire. Cela s'est vu déjà.

La théorie de M. de Girardin, en même temps qu'elle autorise le despotisme, l'autocratie, la tyrannie, le bon plaisir même du pouvoir, ouvre les clubs, rend à la presse toutes ses licences passées et transporte le forum sur la place publique. Voilà le double terme, le terme infaillible, inévitable du système. Mais lorsqu'on y aura atteint, où sera l'autorité ? où sera l'obéissance ? Il n'est pas tout-à-fait indifférent de le savoir. On a oublié ce détail, et si je faisais ici de la politique, j'insisterais pour qu'on daignât me le fournir.

...

Rien n'est intéressant comme de voir M. Émile de Girardin et M. Louis Veuillot aux prises. Ces deux rudes athlètes, une fois engagés, ne se lâchent pas ; ils se portent des coups formidables, et ce n'est pas leur faute si, à la fin de la discussion, l'un des deux ne reste point sur le carreau.

Je dis : « la fin de la discussion. » J'ai tort, parce qu'avec eux, une discussion ne se termine jamais. La lassitude amène bien une trève ; mais l'armistice n'est ni la paix, ni même le commencement de la paix. On se repose, sans avoir abandonné de part et d'autre un pouce de terrain, et puis, à la première rencontre, on recommence la bataille.

M. Veuillot est aussi absolu que M. Émile de Girardin, et plus que lui intolérant. Vulgaire de visage, d'une encolure lourde, mais d'un esprit subtil à l'excès, il ne supporte pas qu'on soit d'un avis contraire au sien, et tous les moyens lui semblent bons pourvu qu'il triomphe. Il manie la parole avec moins d'éclat que la plume ; mais dans la conversation il est presque aussi redoutable que dans la polémique écrite. Il possède au suprême degré l'art de pousser une question ; il n'abandonne un raisonnement que quand il en a tiré la quintessence.

On a dit qu'il y a en lui du Torquemada. Cela est exagéré sans doute. Cependant je ne crois pas qu'il reculât devant aucune extrémité pour faire réussir les idées qu'il appelle des principes, et qu'il défend sans relâche, avec une énergie incomparable, comme s'il croyait y voir la vérité.

Dans les relations ordinaires de la vie, M. Veuillot est assez bon diable, bien mangeant, bien buvant, bien fumant, jurant même à l'occasion et ne boudant pas à la plaisanterie grivoise. Il change tout-à-coup lorsqu'il s'agit de débat politique ou religieux : le bon enfant disparaît ; à sa place surgit un lutteur violent, grossier parfois, qui ne se possède pas toujours, mais qui sait mettre un art véritablement supérieur et une vigueur peu commune au service de la cause qu'il a embrassée. Ses colères, sans être feintes, procèdent plus de son tempérament que de sa conviction : âme toujours active, esprit jamais apaisé, sa forte nature, que n'ont pas assouplie les premiers désordres d'une jeunesse pleine d'orages, se livre à de perpétuels emportements, dont il ne se défend guère et qu'il semble n'avoir jamais cherché à maîtriser. On dirait même qu'il s'y complaît comme dans son unique élément, prenant à tâche de transformer invariablement sa parole en lave brûlante.

On dit qu'il est catholique : je n'en suis pas bien sûr; mais ce que je sais à n'en pouvoir douter, c'est qu'il ne possède aucune des qualités du chrétien.

Il est malaisé, lorsqu'on n'y met pas une passion presque égale à la sienne même, qu'on sympathise avec M. Louis Veuillot ; mais il est impossible qu'on n'admire pas les facultés opulentes dont il est doué, même quand il en abuse, ou du moins qu'il en use à l'encontre des grands intérêts qu'il prétend servir.

•••

Je ne vous étonnerai point, après cela, en vous disant que je préfère de beaucoup M. Émile de Girardin à M. Louis Veuillot, quoique je ne me méprenne aucunement sur l'inanité de la plupart des combinaisons politiques du rédacteur en chef de la *Presse*.

•••

Un jour que j'étais allé, en compagnie d'un ami, l'entretenir d'une affaire économique à laquelle il prenait d'autant plus d'intérêt qu'elle touchait à l'alimentation à bon marché, M. Émile de Girardin m'amena sur le terrain de la liberté, — que nous n'envisageons point de la même façon et où nous ne pouvions nous rencontrer que pour nous combattre. Vivement pressé par mon redoutable adversaire, j'eus recours aux mêmes procédés que lui ; c'est-à-dire que j'exagérai tout. A un sophisme je répondis par un paradoxe; à un paradoxe j'opposai un sophisme, et, ma foi, je finis, sinon par le vaincre, du mois par l'embarrasser très-fort. Si j'avais raisonné j'eusse été battu ; en atteignant l'absurbe, il était clair que j'égalisais les forces.

La discussion avait duré presque trois heures. J'étais sans salive et n'avais plus conscience de moi-même ; mais mon ami, qui avait pendant la lutte conservé un silence presque hébété, me témoigna qu'il était content de moi. Franchement, je ne l'avais guère mérité.

****

En sortant, la tête toute chaude d'un débat si prolongé, je me heurtai contre un bon petit moine, carme chaussé ou déchaussé, qui longeait le trottoir d'un pas hâtif. Mon premier mouvement fut de m'excuser auprès du religieux que j'avais failli renverser; le sien fut de se jeter dans mes bras.

Tandis que, ébahi de cette tendresse inattendue, je cherchais à démêler les traits du moine, il s'écria :

— Comment ne reconnaissez-vous pas le père Vaures, mon cher enfant ?

A ce nom tous mes souvenirs se ravivèrent : j'embrassai cordialement le père, et, bras dessus bras dessous, nous descendîmes les Champs-Elysées pour rentrer à Paris.

Je n'avais pas vu depuis plusieurs années le père Vaures, dont le visage s'était empreint d'un air ascétique et grave que je ne lui connaissais point. Depuis, je n'ai plus eu occasion de le retrouver, et il est mort moins puissant qu'autrefois, mais non moins aimé des voyageurs de ce pays qu'il s'ingéniait tant à protéger et à distraire dans leur séjour à Rome.

Lorsque nous nous fûmes séparés en nous disant adieu dans une accolade également chaleureuse et sincère, mon ami me demanda ce qu'était ce moine si affectueux et avec qui je semblais tant lié.

...

Ce religieux a été confesseur du pape Grégoire XVI, répondis-je. Il a eu rang de prélat à la cour de Rome, et l'on assure qu'il n'a tenu qu'à lui de coiffer le chapeau de cardinal. Pendant longtemps il a porté le bâton de grand pénitencier de France dans la Ville Eternelle, et je ne saurais vous dire combien tous ceux qui ont mis son obligeance à l'épreuve, se louent de lui, de sa bienveillance parfaite, de son patriotisme éclairé, de son activité infatigable à les servir.

Pour vous raconter son histoire il me faut remonter un peu haut.

C'était dans les premières années de ce siècle. Un enfant faible, malingre, souffreteux et tremblant la fièvre vint tomber, un jour où la neige couvrait la terre, à la porte d'un logis de Fontenay-le-Comte. Peu de temps après il était recueilli dans ce logis, par les soins d'une petite fille bonne et compatissante, réchauffé, abrité, soigné, rappelé à la vie. Sa guérison dura quinze jours, pendant lesquels sa garde-malade s'attacha à lui à ce point qu'elle ne voulait plus s'en séparer.

— Reste avec nous, François, disait-elle ; ne continue pas ce voyage qui a manqué t'être fatal.

— Non, ma bonne demoiselle, répondit-il. J'ai promis à mon père mourant de me rendre à Nantes trouver mon oncle Joseph, charpentier comme son saint patron, et, avant de quitter l'Auvergne, mon cher pays, je suis allé sur sa tombe renouveler cet engagement. Je ne manquerai point à ma parole.

La petite fille fit la moue d'abord, pleura ensuite, et alla conter son désespoir à sa mère, qui s'appliqua à la consoler.

Quand François fut tout-à-fait guéri, on le vêtit de bons habits bien chauds, on l'embarqua dans une voiture bien lourde et bien lente, et fouette cocher.

— Merci, mademoiselle, disait-il à sa petite protectrice, avant de s'éloigner. Je deviendrai puissant un jour peut-être. Comptez sur moi pour vous et les vôtres. Je serai heureux de vous témoigner que vous n'avez pas conservé la vie à un ingrat.

François arriva à Nantes, et une circonstance qui devait lui être contraire lui devint heureuse. Son oncle, tombé du haut d'un édifice, venait d'entrer à l'hôpital ; et lui, privé de tout asile, s'accota contre la muraille glacée de l'hospice, les yeux pleins de larmes et le cœur meurtri de désespoir. Une dame qui le vit en cet état, fut frappée de son air intelligent et fin ; elle l'interrogea, et, ayant appris de lui l'incident de Fontenay-le-Comte, elle l'emmena pour le soigner à son tour avec un pieux dévouement et achever de le sauver.

A quelque temps de là, François entra au petit séminaire, où il fit des études exceptionnellement brillantes ; puis, admis parmi les jeunes lévites du sanctuaire, il éprouva quelques difficultés à être ordonné prêtre. Sans s'arrêter à ces embarras, il quitta Nantes en disant : — Je pars pour Rome ; c'est de la main du Saint-Père lui-même que je dois recevoir les ordres sacrés. En quittant l'Auvergne, je savais cela.

En effet, il alla à Rome et je vous ai dit tout-à-l'heure quelle y fut sa fortune.

Plusieurs fois il est revenu en France et a recherché avec une sollicitude affectueuse et reconnaissante ceux qui avaient été ses bienfaiteurs. C'est dans un de ses voyages que j'ai eu l'honneur de le connaître dans la plus douce et la plus parfaite intimité. Si, en me reconnaissant tout-à-l'heure, il s'est épanché dans un embrassement amical et tendre, c'est que la jeune fille de Fontenay à laquelle il dut le retour à la santé et peut-être la vie, est tout simplement ma mère.

XXII

Une imprudence que j'ai commise, à l'encontre des sages conseils dont j'étais entouré, a failli mal tourner pour moi. Dieu merci, au lieu de m'être funeste, elle a marqué dans mon voyage quelques moments d'une émotion et d'angoisses que je me félicite beaucoup à présent d'avoir éprouvées.

Hier, au tantôt, j'ai voulu aller faire une excursion au lac Bleu, à quelques kilomètres dans la montagne. Un guide m'a été présenté ; mais il a d'abord refusé de m'accompagner, puis y a consenti sur mes vives instances.

— Le neige est dans la montagne, Monsieur,

me disait-il, et nous n'atteindrons point le lac sans accident.

— Auriez-vous peur ?

—Non pas pour moi ; mais il y a danger pour vous.

— Le danger n'existe que si on cherche à le fuir ; quand on l'envisage résolument, face à face, il s'évanouit.

—On le voit, c'est la première fois que vous venez chez nous. Si c'était seulement la seconde, vous ne tiendriez pas ce langage. On a beau, ici, regarder fixement le péril, sans détourner la tête, il n'en est ni moins redoutable ni moins terrible, lorsqu'il se présente. Enfin, il ne sera pas dit que je reculerai quand un voyageur me propose de marcher. Préparez-vous. Dans dix minutes, les chevaux seront à la porte.

...

Mon guide se nomme Pierre Barbe-Bleue ; c'est un grand jeune homme de vingt ans, roux de cheveux et n'ayant jamais assassiné aucune des sept femmes qu'il n'a pas épousées. Son histoire est assez singulière ; la voici :

Un soir du mois d'août 1843, une vieille

femme, qui murmurait une prière indéfiniment prolongée dans la petite église de Bagnères, attendit que l'isolement et le silence se fissent autour d'elle avant de s'éloigner. Lorsqu'elle se trouva tout-à-fait seule, elle déposa sur les marches de l'autel un petit paquet, que le sacristain matinal releva le lendemain et porta curieusement à son logis pour en interroger le contenu. C'était un flot de valenciennes et de points d'Angleterre au milieu duquel dormait d'un profond sommeil un petit enfant âgé de quelques mois à peine. Aux langes du pauvre abandonné un papier était attaché par une épingle d'or à grosse tête de diamant ; sur le papier on lisait ceci :

« Ayez soin de l'enfant. On viendra le chercher un jour. Appelez-le Pierre Barbe-Bleue. Ce nom aidera facilement à le faire reconnaître.

» *Sa malheureuse mère.* »

L'honnête sacristain ne dédaigna pas ce présent de la Providence ; il l'accepta, au contraire, avec empressement, et remplit d'un brave cœur le devoir nouveau qui naissait pour lui. Seulement il eut soin de ne rien laisser ignorer à Pierre, et Pierre, pour se mettre mieux à portée de ceux qui doivent « venir le chercher un jour, » n'a trouvé rien de mieux que de se faire guide. Il n'arrive pas un étranger à Bagnères qu'il ne se présente à lui, déclinant son nom et se mettant à son service. Hélas ! cette ingénieuse initiative ne lui a pas encore réussi ; mais il ne désespère pas et compte, chaque soir, que l'aurore prochaine lui ramènera sa mère.

Pierre est d'ailleurs un loyal garçon, énergique, résolu, d'une conduite irréprochable, d'une intelligence assez développée, et d'un calme révélateur d'une âme vraiment forte. Il a une certaine instruction, cause avec un sens rare, et sa pensée revêt fréquemment, pour se traduire, des formes très-pittoresques, des expressions d'une poésie véritable.

...

Lorsque je descendis, au bout d'un quart-d'heure, Pierre était à la porte, plaçant sous les selles des chevaux de hauts coussins formés de couvertures empruntées à l'hôtel.

— Pourquoi faire cela ? demandai-je.

—Vous verrez, Monsieur, que nous n'en aurons pas de trop.

Je ne compris guère ; mais je m'abstins d'insister.

***

En chevauchant rapidement vers la montagne, Pierre me dit :

— Nous n'arriverons sans doute point ce soir au lac Bleu ; mais, si vous voulez, je vous dirai une excursion que nous fîmes un jour par ici, et dans laquelle nous manquâmes de perdre un de nos camarades. Votre ami, M. Achille Jubinal, en était ; il a raconté la chose dans un de ses livres d'une façon très-véridique, c'est-à-dire en ces termes :

« Partis de Bagnères un matin, une heure de marche le long de la Seoube nous introduit dans le cirque de Pailhole. C'est une grande, et noble, et majestueuse scène. Imaginez un demi-cercle de forêts composées uniformément de sapins et de mélèzes disposés en étages. Le centre de cet amphithéâtre est entièrement libre ; il est occupé par des prairies. La verdure de tous les côtés l'enserre et la domine comme une muraille sans fin. C'est un monde à part. On n'y entend que les aboiements du chien de montagne qui garde les troupeaux, le tintement des clochettes, le bramement des chèvres à demi-sauvages, et parfois un chant d'église ou un chant profane jeté pittoresquement aux échos de cette Josaphat, par un berger qui, nonchalamment appuyé sur sa houlette, au sommet de quelque léger tertre, semble le génie de ces immobiles solitudes.

» Après nous être un moment reposés à Pailhole, dans la cabane d'un garde forestier, nous entreprîmes de gravir le col d'Aspin. La montée, à travers forêt, est rude et pénible. Il n'y a qu'un petit sentier. A chaque instant, nos chaussures s'embarrassaient dans les lianes qui courent d'un arbre à l'autre comme de longs serpents. Nous nous heurtions aux racines des vieux pins, ou nous nous arrêtions à contempler les patriarches de la forêt, presque tous frappés de la foudre. Nous constatâmes que l'un d'eux, qu'un accident pareil avait obligé à scier en deux, avait près de trois cents ans. Un autre était âgé d'un siècle et demi. Ce dernier âge me parut fréquent.

» De temps à autre nous nous retournions pour regarder, à travers les éclaircies de la forêt, le Pic du Midi. Loin de s'abaisser à mesure que nous montions, il nous paraissait au contraire plus grandiose et plus élevé. Se détachant du pied jusqu'à la cîme, il nous montrait ses myriades de crevasses, ses trous, ses fentes, ses renflements, ses vallées encore comblées de neige, malgré la chaleur et malgré l'époque avancée où nous étions. Son faite surtout, qui change d'aspect sur ses quatre faces, affecte, vu de Pailhole et du col d'Aspin, une forme bizarre et particulière. Il a l'air d'un vaste chapeau à cornes posé sur une tête géante.

» Cependant nous gravissions toujours, soutenus par l'espérance, en arrivant au sommet d'Aspin, d'apercevoir (prodigieux panorama) tous les glaciers qui font à Vieille-Aure et à la vallée du Louron, comme un collier de perles blanches. Dejà nous étions parvenus au niveau de la Hourquette d'Ancizan, sorte de porte ouverte sur la vallée d'Aure, lorsqu'un brouillard léger d'abord, très-épais ensuite, parti des hautes montagnes de Luchon, vint avec une rapidité extraordinaire envahir notre horizon. Vingt minutes après nous étions au sommet du col ; mais, hélas ! la ceinture neigeuse de Bordères et d'Arreau avait complétement disparu. La Maladetta, Clarabide, Tramesaïgues étaient ensevelis sous la brume. C'est à peine si nous pouvions distinguer les monts voisins et plonger par quelques interstices du brouillard, sur les contours de la vallée de Bordères. Force nous fut donc de redescendre vers Pailhole, honteux comme des renards qu'une poule aurait pris. Bientôt l'atmosphère changea aussi de notre côté. Le Pic du Midi se couvrit de nuages ; ces nuages se chargèrent d'électricité et un orage assez fort éclata dans la montagne.

» Nous nous en consolâmes à Gripp, en mangeant d'excellentes truites et en pensant que le lendemain, l'orage serait sans doute dissipé.

» Nous ne nous trompions point. Le lendemain de très-bonne heure, il faisait un temps superbe : pas un souvenir de la veille ; pas un nuage au ciel. L'air était pur et embaumé. Nous partîmes de Gripp, à cheval, joyeux, alègres, dispos. Nous jetâmes en passant un coup-d'œil à deux maigres filets d'eau appelés orgueilleusement les Cascades de Gripp, et nous nous dirigeâmes vers les bergeries de Tramesaïgues.

» Figurez-vous de petites cabanes jetées au hasard sur des pentes abruptes, et offrant chacune autour d'elle, une galerie circulaire. Soutenues par des poteaux blanchâtres, elles ressemblent de loin à une série de kiosques que supporterait une colonnade en marbre blanc. Çà et là, dans un espace assez rétréci, errent de nombreux troupeaux gardés par de jeunes pâtres. Chaque troupeau est marqué de bleu, de jaune ou de rouge, pour qu'on puisse aisément en reconnaître le possesseur ; mais comme ils sont tous mêlés et qu'ils paissent ensemble, tout ce bariolage de couleurs produit au milieu de la verdure un effet bizarre et charmant.

» A Tramesaïgues le chemin se bifurque. On peut, pour aller au Pic ou du moins pour se rendre à Baréges, prendre la route de Tourmalet ; on peut aussi, et c'est ce que nous fîmes, suivre le sentier plus direct, mais beaucoup plus étroit qui, inclinant vers la droite, circule le long du torrent, traverse le passage dangereux appelé le Goulot, et conduit, à travers mille accidents variés, à la base de la Picarde.

» La Picarde est une immense aiguille de rocher située en face du vallon d'Arise, par les crêtes duquel on peut également, mais à pied, tourner d'environ un quart de cercle le Pic du Midi. On l'aborde alors avec d'énormes difficultés, par ce que je nommerai son épine dorsale, c'est-à-dire par son côté le plus abrupte. Dès qu'on a dépassé ce site sauvage, d'un aspect sévère et grandiose qui rappelle les Alpes Bernoises, on se trouve dans la gorge dite des Cinq-Ours. Elle était en ce moment-là comblée de neige. Le sentier s'y voyait à peine. Il fallut s'engager, un peu au hasard, au milieu de ces banquises. La glace craquait sous les pieds de nos chevaux ; les pauvres bêtes effrayées glissaient et nous faisaient craindre une chûte de plusieurs centaines de pieds. Ce pénible trajet dura près d'une heure. Enfin nous atteignîmes l'endroit le plus difficile, le pas des Cinq-Ours. C'est un sentier plus étroit encore que tout le reste, et presque à pic. Nos chevaux y entrèrent les uns à la queue des autres et non sans trembler. Les guides jugèrent convenable en ce moment de faire mettre pied à terre à tout le monde, et l'on marcha lentement, avec précaution, laissant à nos montures le soin de se guider toutes seules et de s'en tirer comme elles pourraient.

» Une d'entre elles s'abattit et faillit écraser un de nos compagnons. Celle qui venait après, épouvantée à son tour, fit un faux pas qui détermina la chute d'une énorme pierre, laquelle, glissant d'abord, bondissant ensuite, rasa en sifflant la tête d'un de nos porteurs de provisions, et alla rouler avec un bruit énorme, entraînant tout sur son passage, jusqu'au fond de cette vallée, asile et patrie des frimats.

» Le pas des Cinq-Ours franchi, nous nous trouvâmes sur une petite crête à pente adoucie, conduisant au lac d'Oncet, situé à quelques centaines de mètres plus bas, et au-dessus duquel les guides ont coutume de commencer les *circuits* ou *lacets* qu'en l'absence d'un chemin, bien facile à tracer pourtant, ils sont obligés de faire pour parvenir au sommet du Pic.

» Nous nous engageâmes résolument sur le gazon glissant de la terrible montagne, bien que, vue de là, elle nous parût encore plus élevée que d'en bas. Son inclinaison étant extrêmement roide et présentant une pente des plus ardues, nous n'avancions que difficilement. Souvent un de nous tombait; mais en tombant nous étions toujours assez heureux pour nous retenir aux rhododendrons et autres arbustes qui tapissent ces hauts lieux et forment, après le Jardin de Chamouni, situé de l'autre côté du Montanvert, à mi-côte de la mer de glace, la plus haute végétation de l'Europe. Un moment néanmoins

nous eûmes une peur affreuse, et ce fut un des
guides qui la causa. En voulant sauter d'une
petite butte sur une autre, le pied lui manqua
et il fut lancé dans le vide, sur une échelle de
plus de quatre-vingts degrés comme inclinaison.
Cet homme parcourut ainsi, en moins d'une
minute, sans pouvoir se reconnaître ni s'arrêter,
plus de trois cents mètres, au milieu d'un
nuage de poussière et d'un orage de cailloux
qu'il soulevait sur son passage. Déjà nous le
voyions au fond du lac encore glacé, situé à deux
cents mètres plus bas et qui s'ouvrait comme
une gueule béante pour le recevoir, lorsque
par un hasard providentiel son pied rencontra
une touffe d'herbe solidement enracinée. C'en
fut assez pour arrêter ce malheureux au bord
de l'abîme. Un pas de plus, il roulait au fond du
lac. Un pas de moins, il fut sauvé. Nous autres,
nous le ramassâmes à moitié évanoui auprès de
la faible plante à laquelle il devait son salut et
que je conserve dans mon herbier. Nous le
ramenâmes ensuite plus mort que vif. Nous ne
valions guère mieux, nous qui avions failli être
témoins du triste spectacle de la mort d'un
homme, et nous n'étions guère rassurés. Aussi
prîmes-nous, à partir de ce moment, les plus
minutieuses précautions.

» Enfin, après sept heures de marche, nous arrivâmes au sommet du mont.

» Le premier qui l'atteignit poussa un cri de surprise; le second de même; le troisième imita le second, et ainsi de suite.

» Voici l'indescriptible tableau que nous avions sous les yeux :

» Au nord se détachaient comme un océan de vapeurs, formant des mirages lointains, les plaines du Béarn, de la Bigorre et de la Garonne. C'était un front de bandière de plus de cent lieues d'étendue, coupé de forêts, de collines, de landes. On eût dit un gigantesque damier; éclairées qu'elles étaient par le soleil, certaines portions en brillaient à la façon d'un tableau de Ruysdael. D'autres restaient cachées sous l'ombre obscure et profonde de légers nuages qui, poussés par le vent du sud, ressemblaient à de gros oiseaux de proie égarés à travers l'espace. Çà et là une route serpentait comme un ruban blanchâtre; l'Adour métamorphosait ses méandres en autant de vastes écailles, et quelque lac étincelait de tous les feux du matin.

» Par-dessus tout cela le roi du jour, pareil à une meule chauffée à blanc, montait incessamment dans le ciel et faisait pleuvoir sur nous ses rayons les plus superbes et les plus irisés.

» En nous retournant et en faisant face à l'Espagne, nous apercevions d'un seul jet plusieurs milliers de pics presque tous tachetés de neiges ou de glaciers, depuis la Madaletta si longtemps invincible, le pic encore insoumis de Nethou et le port d'Oo jusqu'au Vignemale, au Pic du Midi de Pau et aux montagnes qui se baignent dans la mer vers Bayonne et St-Jean-de-Luz. Tout cela ressemblait à un grand suaire étendu sur des légions de cadavres.

» Dans l'intervalle, couché comme un ourson, au milieu de ses glaces contemporaines du chaos, on distinguait parfaitement, presque en droite ligne, un pic situé au-delà des limites françaises, l'empereur de toute la chaîne, le Mont-Perdu (*las tres sorellas*, comme disent les Aragonais), dominant tout l'archipel des hautes montagnes dont il est le suzerain. A ses pieds, des monts géants s'inclinent avec humilité; puis viennent le Cylindre, le Taillon, les Tours d'Argant, les deux Brèches, le Cirque de Gavarni, la Cascade, toute cette féerie du Marboré qui n'a pas sa pareille au monde.

» Plus près, formant une chaine distincte entre le Marboré et le Pic du Midi, on aperçoit Néouvieille (vieille neige), Braga, le Pic-Long, le Pimené, qui fait face à Gavarni et d'où l'œil plonge sur toutes les merveilles de cette vaste décoration théâtrale : — plus près encore, on avise, aux pieds du Pic du Midi, d'un côté les monts de Baréges, de Luz et de St-Sauveur, c'est-à-dire le Bergons, Soulom et le Pic de l'Aze ; de l'autre, la Picarde, dont la crête n'est plus qu'un long débris schisteux, l'Arbizon et le Col d'Aspin.

» Aucune palette humaine ne rendra jamais cette vue, pas plus qu'il ne sera donné à aucune plume de décrire les sensations qu'elle procure. Suspendu entre le ciel et la terre, l'homme conquiert, pour ainsi dire, une nouvelle nature. Il se sent tour à tour agrandi ou annihilé : ses sens deviennent plus parfaits, ses impressions plus vives ; il pense à Dieu, et, comparant sa petitesse à la grandeur du tableau dont il jouit, il réprime son orgueil ; puis, fût-il un génie ou un roi, il rend hommage, comme le plus humble des pâtres ou des chevriers, à l'éternel auteur de toutes choses. »

Pendant que Pierre parlait, nous marchions le plus hâtivement possible vers le but de notre excursion.

Le Lac Bleu est situé tout-à-fait au fond de la vallée de Lesponne, entre le Mont-Aigu et le Pic du Midi, au sommet des montagnes qui séparent la vallée de Baréges de celle de Lesbonne. Au fond de cette dernière vallée, nous aperçûmes des dentelures bizarres et de vastes échancrures. Ce sont celles des rochers situés vers la gauche dans les hauteurs. Elles se distinguent très-bien au milieu des grandes écharpes de neige qui les environnent. C'est au pied de ces accidents naturels si pittoresques de loin, mais qui le sont encore davantage de près, que Dieu a posé la gigantesque coupe de granit qui renferme le beau lac que je voulais visiter.

L'entrée de la vallée de Lesponne est des plus charmantes qui se puissent rencontrer. Tout y est pastoral et champêtre, tout y est rustique et villageois. Partout ce sont des pentes bien ménagées qui n'ont rien de brusque ni de sauvage. Elles s'élèvent lentement par degrés, par étages, sans hâte, pour ainsi dire, et l'on y voit pratiquer toute espèce de cultures. Le village de Lesponne lui-même, où l'on quitte d'ordinaire la voiture, quand on ne vient pas, comme nous, à cheval, depuis Bagnères, ne laisse pas que d'avoir son cachet. Il est original et très-étrangement bâti. Je l'ai trouvé, en tout cas, un peu plus sale que les plus chétifs hameaux de la Basse-Bretagne.

Au-delà de Lesponne et à mesure qu'on approche du fond de la vallée, l'écartement des montagnes diminue ; la culture fait place à l'aridité et aux plantes incultes; les sommets font succéder la sombre et austère couleur des sapins à la joyeuse verdure des prairies. Tout-à-coup on entre en pleine sauvagerie. Le néant reparaît. Vous n'avez devant vous qu'un amas de pierres offrant à votre œil le *speciosa deserti* de l'Écriture. De là s'élève une espèce de ravin qu'une main puissante a dressé, depuis le pied du voyageur jusqu'aux nues. C'est ce ravin, cette sorte de cirque qu'il vous faut suivre. Les chevaux y tiennent à peine ; car plus vous montez, plus le chemin est taillé à pic. Vu de haut, le voyageur doit ressembler à un insecte qui s'occuperait à gravir du fond d'un chapeau jusqu'à son orifice.

Sur votre droite le Mont-Aigu se dresse et vous surplombe. Ses nombreuses arêtes, ses

veines, allais-je dire, se dessinent admirablement
à l'œil et proûlent le Titan dans tous les sens.
Entre leurs hachures, à l'ombre de leurs
renflements, paissent de nombreux troupeaux.
La forêt de Maouri, presque vierge jusqu'ici
faute de chemins et inexploitée encore, leur
forme comme une ceinture qu'ils ne peuvent
franchir. Rien n'est plus imposant que l'aspect
de ces hauts lieux.

Néanmoins, nous montions toujours, dé-
passant successivement en élévation la Hourquette de Baran, les montagnes de Bizourtère,
ne rencontrant plus enfin que la neige, le mica,
le granit primitif et de grosses pierres noirâtres
détachées des sommets par la foudre, qui
semble avoir choisi ces monts pour cible et pour
séjour. De temps à autre tout au plus, un bouquet
de rhododendrons en fleurs venait étaler devant
nous sa verdure livide, qui semble emprunter
quelque chose à la pâleur des neiges; mais
c'était tout. Nous touchions au seuil des
royaumes immobiles et glacés; la vie s'éteignait
autour de nous.

Tout-à-coup un grand bruit se déclara dans la
montagne; de violentes rafales nous fouettèrent
le visage; l'obscurité se fit soudain; un dé-

bordement incroyable de neige se produisit, et nos montures tressaillirent en hennissant, comme si elles pressentaient l'imminence d'un grand péril.

— Voilà ce que je redoutais, dit Pierre. C'est la tempête qui commence. Dans cinq minutes elle nous précipitera au fond de l'abîme, si nous l'attendons en selle. Vite à bas, Monsieur, et Dieu nous protége.

Je sautai plutôt que je ne descendis de cheval; mon guide agile était déjà à terre. S'emparant des brides des deux animaux, il les entraîna rapidement dans un pli de terrain où ils purent passer la nuit à peu près en sûreté, attachés à un tronc d'arbre; puis, débouclant les selles, il se chargea en hâte des paquets de couvertures dont il s'était précautionné; enfin, revenant précipitamment à moi, il m'attira après lui, dans une sapinière, où il commença à respirer plus librement.

— Nous l'avons échappé belle, Monsieur. L'ouragan ravage tout sur le flanc opposé de la montagne. C'est un miracle que nous ayons pu nous sauver à temps.

— Eh bien ! qu'allons-nous faire ?

— Nous laisserons passer la tourmente, parbleu. Cà ne badine pas ici, allez.

— Et jusqu'à quand en avons-vous, comme cela ?

— Jusqu'à demain matin pour le moins.

Et ce disant, il étendit ses couvertures sur les feuilles sèches, et, abrités par le dôme épais des sapins, nous nous assîmes, lui avec sa pipe, moi avec un cigare, attendant, au milieu de l'effroyable fracas qui régnait autour de nous, que le calme revînt avec le jour.

Si cette nuit fut longue, pénible et glaciale, il est superflu de le dire ; cependant, maintenant que j'en suis sorti sain et sauf, je me sens tout heureux, presque fier de l'aventure.

...

Lorsque je suis rentré ce matin à l'auberge du *Bon-Pasteur*, mon hôte, qui me croyait perdu, m'a presque sauté au cou, surpris, ému et comme enchanté de me revoir. Évidemment le bonhomme ne m'attendait plus. Mais, après l'échange de bonnes poignées de main, il m'a donné affectueusement congé.

— Si vous ne partez ce soir, m'a-t-il dit, vous devrez vous résigner à rester parmi nous une semaine ou deux, peut-être plus. Les rafales annoncent que la neige est proche. Depuis hier elle couvre la montagne, ainsi que vous l'avez bien vu ; elle va, la nuit qui vient, descendre dans la plaine. Une fois qu'elle aura commencé à tomber, nul ne sait quand elle s'arrêtera. Déjà la plupart des routes hautes sont envahies ; demain matin le service sera sûrement interrompu sur le chemin de fer. Mon devoir m'oblige à vous prévenir. Après cela, si le cœur vous dit de passer une portion de l'hiver avec nous, j'en serai bien aise, et je tâcherai de vous rendre le séjour de la ville agréable.

Ce langage simple et loyal m'a touché ; mais comme j'aime assez à demeurer libre de mes mouvements et que mes yeux sont las déjà de regarder le blanc linceul étendu sur la croupe attristée des Pyrénées, je vais partir. Seulement, les communications étant impossibles avec Montrejeau, je me trouve contraint de retourner à Tarbes, pour de là gagner Toulouse et ensuite les rivages hospitaliers de la Méditerranée.

Ce n'est cependant pas sans regret que je dirai adieu à Bagnères-de-Bigorre, l'un des plus ravissants séjours où puisse se poser le pied fatigué du voyageur.

XXIII

Portnichet, le 20 janvier 1864.

Non, non, je ne suis pas mort. C'est le froid
de tous ces jours qui, glaçant ma veine, m'a
empêché de vous écrire. Voyager dans les
régions méridionales pour y rencontrer de
chauds rayons, et grelotter sous l'action d'une
température sibérienne, est une sorte de phénomène fort rare, mais qu'il m'a été donné
d'éprouver et de voir. Aussi n'étais-je guère
d'humeur à regarder autour de moi, à visiter
les monuments, à considérer les paysages, à
interroger mes souvenirs et à vous communiquer l'intimité de mes impressions. Je battais
la semelle et soufflais dans mes doigts : c'est

tout ce que je pouvais faire. Aimable besogne et gracieux passe-temps. Donc, ma correspondance s'est trouvée brusquement interrompue ; mais à quel endroit l'avais-je laissée, s'il vous plait ?

Ah ! je me souviens, et je m'aperçois avec tristesse que j'ai bien peu de choses à vous dire.

Successivement j'ai traversé Toulouse , la vieille cité des Cimbres, la capitale antique des Visigoths, qui livre à l'admiration des curieux — son église de St-Sernin, l'un des monuments chrétiens les plus splendides et les plus ravagés que j'aie rencontrés, et son magnifique Capitole, dont les façades latérales sont déshonorées par d'ignobles échoppes, témoignage d'une administration insoucieuse du plus glorieux passé. Puis j'ai demandé, en courant, le secret de leur histoire aux murailles délabrées de Carcassonne, si poétiques et si mystérieuses. Puis j'ai frappé de mon bâton aux portes de Béziers, qui m'a présenté ses fortifications pantelantes et datant des grands jours de la Rome impériale. Puis je suis arrivé à Cette, suppliant la Méditerranée de m'apporter le vent tiède d'Afrique, et ne trouvant que la bise glacée du Nord.

Si bien commencé, mon voyage menaçait de se poursuivre tristement ; et , voyez l'étrange aventure, voilà qu'il s'achève, par un coup de hasard, au milieu d'enivrements imprévus, que je n'aurais jamais osé pressentir.

Il y a quatre jours, je me rendis à la gare de Cette. Deux trains allaient partir : je grimpe dans l'un, croyant m'embarquer pour Marseille, et le soir j'étais à Bordeaux ; le lendemain je débarquais sur le pavé de Nantes, et quelques instants après j'enlaçais dans de tendres étreintes les êtres chéris qui occupent toute ma pensée et remplissent tout mon cœur.

L'erreur était-elle fortuite ou préméditée ? Je ne saurais au juste le dire. Tâchez de le connaître, si cela vous intéresse bien fort.

Après les premiers épanchements, nous sommes tous accourus sur ce doux rivage, pour nous réchauffer ensemble et oublier en commun les amertumes d'une longue absence.

Mon Dieu, oui, pour achever l'œuvre de guérison qui m'est imposée, je suis venu à Portnichet — pêcher, planter, penser. Pêcher la crevette échappée à nos actives poursuites de l'an dernier ; planter, autour de mon petit cottage, de l'ombre pour la saison prochaine ; penser à tout et à rien, c'est-à-dire noyer mon regard flottant dans l'immense horizon dont chaque ligne incertaine rappelle à mon esprit un rêve, un souvenir, une espérance radieuse.

...

Voyager est un grand bonheur et en même temps un grand profit ; c'est surtout un puissant moyen de connaître, de s'assimiler des lumières nouvelles, de percevoir des rayons ignorés, en un mot de se compléter par l'étude pratique des hommes et des choses. — Seulement, pour jouir avec fruit d'une excursion, d'une promenade, d'une pérégrination proche ou lointaine, il faut avoir l'esprit libre et le cœur inoccupé ; j'entends : il convient de ne pas, au départ, boucler dans sa valise un lourd bagage de préoccupations , d'inquiétudes et d'ennuis. Traîner après soi ce fardeau importun et incommode sur les routes et dans les hôtelleries, c'est se préparer des jours attristés et des nuits sans sommeil ; c'est aussi se condamner à un retour précipité, que ne sauraient arrêter ni la voix de la raison, ni les conseils de la prudence.

On contracte aisément le mal du pays ; et, pour le guérir, ce mal impérieux ou terrible, qui torture avant de tuer, on revient en hâte, soit hallucination morbide, soit entraînement arrangé *et réfléchi.*

Le chez soi est chose si bonne et si précieuse!

...

Et voilà comme quoi je suis ici, au milieu des dunes jaunes et des rochers noirs, au lieu d'être là-bas à Cannes, égaré parmi les orangers fleuris, ou à Nice, étendu sur les vertes pelouses que baigne le flot bleu de la Mer Intérieure.

Comme cela vaut mieux, et comme j'en suis bien aise! Aussi pourquoi suis-je allé chercher la santé si loin, quand je l'avais si près, sous la main, et bien plus sûre, et bien meilleure?

Ah! nous serons toujours les mêmes, fils d'Adam et filles d'Ève, poursuivant le bonheur là où il n'est pas, négligeant de le saisir là où il se trouve.

Mais mon exil est, Dieu merci, bien près de finir. Condamné au repos forcé à temps, et non point à perpétuité, j'entrevois dans un avenir prochain l'heure désirée de la délivrance. Quelques jours encore et je serai rentré en pleine possession de moi-même. Une fois brisées mes chaînes, je rejetterai le linceul d'oisiveté qui m'étouffe , et vous me verrez, allègre et plein d'ardeur rajeunie, reprendre le labeur à la fois attrayant et pénible dont j'ai fait mon lot, et dans lequel je rencontre tour à tour tant d'âpres douleurs et tant d'ineffables délices.

FIN.

Nantes, impr. MERSON, rue Notre-Dame.